EIN GENIALES STUDIUM

Medizinstudent und Buchautor Nikolaus Cortolezis

Nikolaus Cortolezis ist Student der Humanmedizin in München. Sein besonderes Interesse gilt den präventiven und komplementären Heilmethoden.

Während seines Studiums recherchierte er für Lehrbücher der Medizin, übersetzte Handbücher für Studierende und wirkte bei der Organisation und Ausführung von Studentenkursen mit.

Er absolvierte Praktika in allen Ecken der Welt, wie etwa Hangzhou (China), Porto Alegre (Brasilien), Madrid, Luzern oder auf Kreta.

Speed-Reading, Lerneffizienz und Spracherwerb wurden zu studienbegleitenden Schwerpunkten – Disziplinen, die lebenslanges Lernen fördern und ermöglichen.

Nikolaus Cortolezis bildete sich in Ethnomedizin und Manualtherapie fort und war jahrelang als Dozent für Akupunktur tätig.

NIKOLAUS CORTOLEZIS

EIN GENIALES STUDIUM

EIN LEITFADEN FÜR STUDIERENDE

Impressum

Ein Titeldatensatz für diese Publikation ist bei der
Deutschen Nationalbibliothek erhältlich

Gaisbergstr. 3, 81675 München

1. Auflage, alle Rechte vorbehalten.
Herstellung: 1-2-Buch, 27432 Ebersdorf, Deutschland

Umschlag, Satz und Layout: Alan Romano
Abbildungen: Alan Romano
Autorenporträt: Giulia Lombroni
Lektorat und Korrektorat:
Miriam Shahd, www.textlektorat.de

ISBN 978-3-942594-34-9

Für meine Eltern und Lehrer,
denen ich alles verdanke.

Für meine kleinen Brüder, Cousinen und Cousins,
die ihr Studium noch vor sich haben.
Genießt es!

5 JEDES ZIEL ERREICHEN

6 KÖRPER UND GEIST

VORWORT

Wie ich aus einer Schwäche meine größte Stärke machte und worum es in diesem Buch geht

Es war ein sonniger Herbstnachmittag in München, ich spazierte gemütlich durch die menschenüberfüllten Straßen und Plätze und setzte mich in einen kleinen asiatischen Imbiss, um eine Suppe zu essen. Ich hatte noch ein wenig Freizeit und wollte etwas Interessantes erleben. Sportsachen hatte ich keine dabei, shoppen gehen schien mir nicht besonders reizvoll und für ein Weißbier war es wirklich noch zu früh.

Nachdem ich satt war und es keine Ausreden mehr gab, um noch länger sitzen zu bleiben, machte ich mich auf den Weg und bummelte an den Schaufenstern entlang, man weiß ja nie.

Weiß, schlicht und einladend lächelte mich die frisch erschienene Biografie von Steve Jobs aus einem Buchladen an. Wer die Stanford-Rede kennt oder schon mal einen iPod benutzt hat weiß, dass dieser Mann Dinge bewegen konnte, seine Biografie bedeutet etwas. Natürlich nahm ich mir das Buch aus dem Regal, natürlich setzte ich mich auf die Couch und begann zu blättern. Ich war fasziniert. Nach etwa einer Stunde war ich auf der letzten Seite angelangt, ich war mit dem Buch fertig und fühlte diese Leere, die ich schon seit meiner Jugend kenne, wenn ich ein Buch beende. Ich tauche oft so tief in die fiktive Welt ein, dass ich mir wünsche, es würde doch noch ein wenig weitergehen. Ich liebe Bücher und dieses war von der besten Sorte.

Was hatte ich gemacht? Ich hatte natürlich nicht jeden Satz gelesen und auch nicht über die Wortstellungen und grammatischen Finessen philosophiert, aber ich hatte einen wunderbaren Einblick in das interessante wenngleich auch krisengebeutelte Leben eines brillanten Mannes erhalten, ich hatte das Werk verstanden. Man nennt das Speed-Reading.
Durch die besagte Biografie hätte ich mich wenige Jahre zuvor noch als Nachtlektüre gearbeitet – in einer Zeitspanne von Monaten. Zu Beginn meines Studiums war ich sicher einer der langsamsten Leser unter meinen Kommilitonen und kompensierte diese Schwäche durch besonders langes nächtliches Lernen. Ich war gezwungen, mir Tricks anzueignen …

WAS DIESES BUCH BIETET – UNSER GEMEINSAMER WEG

Auf den kommenden Seiten werden keine Wundermittel verkauft und auch keine Geheimrezepte preisgegeben. Was jedoch geboten wird, sind kleine, gut verständliche Hilfestellungen zu Lesetechniken, Lernmethoden, Motivation und Zielsetzung und sogar zum Aufstehen am Morgen. Es ist ein nützliches Handbuch und dazu gedacht, die Leserin bzw. den Leser so zu unterstützen, wie ich es selbst gut hätte gebrauchen können. «Ein geniales Studium» ist eine offene Informationskiste, aus der du dir immer wieder kleine
nützliche Happen greifen kannst.
Schneller zu lesen wird im Studium spätestens dann zum Überlebenstrick, wenn die Bücherlisten länger werden und der Leistungsdruck sich erhöht. Nachdem du die Kapitel

durchgearbeitet hast, besitzt du ein einfaches Handwerkszeug, das du sofort einsetzen kannst und das dich zu einem effizienteren Leser, einer effizienteren Leserin macht. Du wirst viel besser mit großen Mengen an Text und Informationen umgehen können und dir so die Freude am Lernen erhalten.

Lerntechniken sind sexy, denn wenn du in einer Stunde so viel lernen kannst wie früher einmal in drei, bedeutet das mehr Zeit für Kaffeepausen mit der netten Nachbarin oder mehr Zeit, um neue Sprachen zu lernen. Sich einfach einmal hinzusetzen, einfach mal so draufloszulernen und abzuwarten, wie viel durchsickert ... Das ist nicht die ideale Methode und fördert sicher nicht deine Lebensgeister. Mit ein paar kleinen Kniffen findest du aber heraus, wie du ohne viel Aufwand besser wirst.

Sich Ziele zu setzen und diese zu erreichen ist eine Sache, die weit über das Lernen und Studieren hinausgeht, es geht um Erfolg im Leben. Wir können reisen, Sprachen lernen, sportliche Erfolge erzielen, unsere zwischenmenschlichen Beziehungen verbessern, abnehmen, Geld verdienen, ... Es ist so einfach wie das ABC, denn wenn wir uns das Ziel setzen und die Mühle in Gang bringen, sind wir schneller am Ort der Träume, als wir es erwartet hätten. Welche kleinen Tricks dabei eine Rolle spielen, habe ich in einem Kapitel zusammengefasst.

Körper und Geist ist in meinen Augen das Bonuskapitel. Eigentlich sollte es selbstverständlich sein, über Fitness, gutes Aufstehen und Entspannung zu sprechen, trotzdem werden diese Themen oftmals nur stiefmütterlich behandelt. Mens sana in corpore sano ist gültig wie eh und je: **Ein gesunder Geist in einem gesunden Körper**. Es ist wichtig, dass wir uns um unser körperliches und geistiges Wohl kümmern, Grund genug, darüber ein Kapitel zu verfassen. Das zweite Bonuskapitel ist **Die beste Zeit deines Lebens**, in dem ich dir Mut machen will, den Weg ins Ausland zu suchen.

Ich will dich für das Lesen und Lernen schulen, ich möchte, dass du es leichter hast, dass du dich für dein Studium begeisterst und Freude daran findest. Ich hätte mir genau dieses Buch für mein eigenes Studium gewünscht, also los, mach das Beste aus deinem!

Ist dieses Buch etwas für dich?

Herzlich willkommen!

Nikolaus Cortolezis, Kreta, im Februar 2012

Du hast Fragen, Anregungen oder möchtest
einfach in Kontakt treten?
Schreib mir!
sombreronick@gmail.com

1

SCHNELLER LESEN

Wie du mit wenig Aufwand schneller liest – oder: Speed-Reading macht smart und sexy

Der Weg in Richtung schnelleres Lesen beginnt mit den in diesem Kapitel erklärten Schritten, ich habe sie sehr einfach und praktisch gehalten.
Ihr Ziel ist es, deine Lesegeschwindigkeit deutlich zu erhöhen und dabei sogar noch an Textverständnis zu gewinnen. Vertraue dabei auf dein Können und mit etwas Training wirst du schon bald gute Ergebnisse erzielen. Dieses Kapitel soll erreichen, dass langsame Leser in kurzer Zeit deutlich besser werden und schnelle Leser ihr Niveau mit wenig Aufwand noch steigern. Mit den folgenden Übungen wirst du deine Lesegeschwindigkeit mindestens verdoppeln.

Warum sollte ich überhaupt schneller lesen wollen? Diese Frage höre ich oft, aber sie ist etwas kurz gedacht, denn es redet ja niemand davon, die schönen Geschichten von Gabriel García Márquez oder die Gedichte von Hugo von Hofmannsthal mit Speed-Reading zu lesen, hier geht es darum, Informationen so schnell und effizient wie möglich aufzunehmen – eine Fähigkeit, die sicher die meisten gut gebrauchen können und die auch im Alltag viele Einsatzmöglichkeiten bietet. Die Vorteile von Speed-Reading sind:

1. Du liest schneller.

2. Du verstehst mehr vom Text.

3. Du verbrauchst dabei weniger Energie.

Diese Effekte erklären sich ähnlich wie beim Sport, denn ein Athlet, der richtiges und effizientes Laufen trainiert, wird schneller sein, die Strecke mehr genießen und am Ende trotzdem weniger erschöpft ankommen als jemand, der untrainiert ist. Die Stichworte sind Technik und Training.

Wenn du ein Lehrbuch oder einen Artikel lesen musst und als Beispiel 50 Seiten an Informationen vorliegen hast, kann die doppelte Lesegeschwindigkeit bereits den Unterschied bedeuten, ob zwischen einem Seminar und dem nächsten ein Mittagessen mit den Freunden Platz hat oder eben nicht.

Wenn ich ein Sachbuch lese, ist es mir wichtig, in kurzer Zeit auf jeden Fall alle wichtigen Ideen des Buches verstanden zu haben und wiedergeben zu können. Dann kann ich ein oder zwei Kapitel, die mir besonders wichtig erscheinen, natürlich noch einmal genauer nachlesen, kann aber genauso gut feststellen, dass kein Vertiefen mehr notwendig ist. So kann ich mir an einem halben Nachmittag Wissen aneignen, das mein Leben verändern könnte.

Keine Ablenkungen im Hintergrund, kein Handy und kein PC. Beim Lesen mit hoher Geschwindigkeit ist wirklich Konzentration gefragt, wer sich selbst betrügt und nur mit halber Sache dabei ist, wird nichts vom Gelesenen mitbekommen.

Fokus! Einen Wälzer der inneren Medizin kannst du mit schnellem Lesen an einem Vormittag durcharbeiten und dir so einen guten Überblick verschaffen. Kurzlehrbücher kannst du bereits in ein bis zwei Stunden erarbeiten. Dieser breite Überblick kann dir wiederum später, beim Vertiefen des Stoffes, sehr gute Dienste leisten.

In diesem Kapitel besprechen wir, wie man schneller liest. Sprich: wie man eine gewisse Lesegeschwindigkeit deutlich erhöht und dadurch effizienter arbeitet. Im nächsten Kapitel besprechen wir dann ein gröberes Arbeiten mit dem Text, also ein Überfliegen der Seiten, wofür wir auf die in diesem Kapitel bereitgestellten Techniken aufbauen werden. Im danach folgenden Kapitel integrieren wir dann beide Techniken, jene des Überfliegens und jene des intensiven schnellen Lesens, in einer bewährten und sehr wertvollen Methode des aktiven Lesens. Bereit?

TEXTSELEKTION

Studierende ebenso wie Bürohamster reagieren auf eine steigende eingehende Informationslast gerne falsch: Anstatt effektiver zu werden (die richtige Arbeit anzugehen), versuchen sie effizienter zu werden (einfach nur besser zu arbeiten).

Effizienz bedeutet, dass man eine bestimmte Sache gut und zügig bzw. mit geringem Kostenaufwand durchführt, Effektivität bedeutet, die richtige und angemessene Sache zu erledigen. Effizienz kann leicht als Ausrede für fehlende Effektivität benutzt werden. Verstanden?

Effektiv: ich tue das Richtige, effizient: ich arbeite fleißig.

Ein Beispiel aus dem Leben: mein Zimmer ist unordentlich, also beschließe ich, es aufzuräumen. Das wäre an sich effektiv, denn ich antworte auf den entsprechenden Reiz mit der passenden Reaktion. Wenn ich jedoch nicht die schmutzigen Kleidungsstücke vom Boden in die Wäschetonne trage und andere grobe Aufräumarbeiten erledige, sondern zuerst einmal meinen Kleiderschrank neu ordne, kann ich noch so gut arbeiten, ohne mein gewünschtes Ergebnis zu erreichen. Am Ende des Nachmittags bin ich vom Neuordnen so müde, dass ich die Wäsche am Boden liegen lasse und eigentlich, obwohl ich den ganzen Nachmittag lang aufgeräumt habe, meinem Ziel praktisch nicht näher gekommen bin.

Zur Wiederholung: Oft füllen wir ganze Lern- oder Arbeitstage aus, ohne uns wirklich auf Effektivität zu konzentrieren. Diesen Fehler zu beheben, spart uns viel kostbare Lebensenergie.

Effektivität heißt, dass man die richtigen Dinge tut, die einen auch zum Ziel führen. Das bedeutet im Prinzip nichts anderes, als dass der wichtigste Schritt beim Speed-Reading die Auswahl des besten Textes ist.

*„Wie weißt du, was wirklich wichtig ist?
Das ist die wichtigste Frage.
Wenn du das erst einmal weißt,
dann wird der Rest ganz einfach."*
Leo Babauta: The Power of Less

WIE SCHNELL LIEST DU?

Um den Fortschritt einer Diät zu messen, stellst du dich täglich auf die Waage und freust dich über verlorene Kilos, genauso machen wir es mit der Lesegeschwindigkeit. Dazu bekommst du nun den folgenden Text, liest ihn und stoppst mit, wie lang du dafür brauchst. Es ist wichtig, dass du jetzt nicht extra schnell oder langsam liest, sondern genauso, wie du jeden normalen Text lesen würdest. Pass dabei auf, dass du den Text auch verstehst, dann hast du einen guten Ausgangswert dafür, wie dein normales Leseverhalten aussieht. Verwende jetzt eine Stoppuhr um deine Zeit zu messen.

START - DRÜCKE DIE STOPPUHR!

Wofür lesen wir überhaupt etwas? Meine Befürchtung ist, dass wir nur in seltenen Fällen reflektiert an Texte herantreten, in den meisten Fällen dürfte es eher ein Füllen der Leere sein.
Viele Menschen lesen weniger, um wirklich etwas Neues zu erfahren, als einfach aus Langeweile. Das Beispiel mit

den Zeitungen: Ich lese immer wieder die Überschriften und vertiefe mich dann aber nur in wirklich interessante Artikel, schließlich sind viele Dinge, die man heute lesen kann, morgen schon wieder überholt. Außerdem gibt es zahlreiche Situationen, die so schön sind, dass man sie ohne Zeitung noch viel besser genießen kann. Zum Beispiel liebe ich es, beim Frühstück mit meiner Freundin zu quatschen, auf der Terrasse genieße ich die Sonne und ein paar Oliven und am Strand spiele ich lieber im Sand, z.B. mit meinen Brüdern.

Im Café ist es aber natürlich etwas völlig Anderes. Ich bestelle mir gerne einen Espresso, setze mich an einen Tisch oder hocke mich gemütlich an die Bar und lese ein wenig Zeitung, einfach so vor mich hin. Da ich Lesetechniken gelernt habe, kann ich dabei natürlich schnell jene Artikel studieren, die mein Interesse geweckt haben und habe so in wenigen Minuten das Wichtigste erfahren. Schließlich kann man, wie du im nächsten Kapitel noch erfahren wirst, bereits beim Durchblättern durch passives Lesen mehr Informationen aufnehmen als allgemein angenommen.

Falls du übrigens denkst, dass man mit der Schnelllesetechnik weniger mitbekommt und man den Text eigentlich nur überfliegt, so kann ich dich beruhigen: Diese Annahme ist falsch. Menschen, die gezielt die Methoden des Speed-Readings einsetzen, schaffen es, bei deutlich höherer Geschwindigkeit auch ein besseres Textverständnis zu erzielen. Bald gehörst auch du zu dieser glücklichen Gruppe und kannst in deiner Arbeit oder bei deinen Studienkollegen auftrumpfen. Am meisten wirst du dich aber selbst freuen, wenn du es geschafft hast, in weniger Zeit mehr Inhalt aufzunehmen, dadurch gewinnst du nämlich viel Zeit für andere Aktivitäten.

STOPP – WIE LANG HAST DU GEBRAUCHT?

Dieser Text enthält 313 Wörter, das normale Pensum eines Lesers liegt bei 200 bis 250 Wörtern pro Minute (am Bildschirm etwas weniger). Hast du den Text in weniger als einer Minute gut verstanden, so bist du ein sehr geschulter Leser, manche Tricks kann ich dir aber sicher noch beibringen. Hast du den Text aber in weniger als 30 Sekunden gelesen und trotzdem genau verstanden, so kannst du dieses Kapitel wahrscheinlich überspringen und gleich im nächsten weitermachen, wo wir das Lesen auf eine neue Stufe bringen werden, die Wortzahl pro Minute wird geradezu explodieren.

DIE LERNSCHRITTE

Die Lernschritte verlaufen folgendermaßen: Erst beginnt man damit, Wort für Wort zu lesen, man liest sich selbst vor, als wäre man ein Sprecher (das ist diese Mitlesestimme im Kopf). Bessere Leser können bereits etwas schneller lesen und übertreffen den normalen «Mitleser». Sehr gute Leser lesen visuell, das bedeutet, dass sie den Text nur noch mit den Augen und nicht mehr akustisch wahrnehmen. Diese Leser sind dem normalen Leser um Welten voraus!
Visuelles Lesen funktioniert genauso wie das Sehen. Wenn wir uns umschauen, ist es nicht nötig, die Umgebung in Worte zu fassen, um sie wahrzunehmen oder uns die Farben und Formen zu merken. Beim Lesen ist es nicht anders:

Es reicht, die Vokabeln und die Grammatik der Sprache zu beherrschen, um Speed-Reading anwenden zu können.

Tipp: Vokabeln kennenlernen
Es ist wirklich wichtig, die Vokabeln deines Fachjargons zu kennen. Schreibe dir daher die Wörter, die du nicht verstehst, heraus (besonders Fachtermini) und mache dich mit ihnen vertraut. Je mehr unbekannte Vokabeln in einem Text enthalten sind, desto mehr lohnt es sich, Arbeit in ihr Verständnis zu investieren. Ich habe selbst lange Zeit über Fachvokabeln einfach hinweggelesen und darauf vertraut, dass sie schon durchsickern würden … Das tun sie übrigens nicht! Je besser du die Sprache deines Autors sprichst, desto einfacher ist die Lektüre.

TECHNIK 1 – IN WORTGRUPPEN LESEN

Warum lernen wir erst das Lesen von einzelnen Buchstaben, dann das Lesen von Silben, zuletzt das Lesen von ganzen Wörtern und hören dann mit der Entwicklung auf?

Der erste Schritt zu einer optimierten Lesegeschwindigkeit ist das «Junking», das Lesen in Wortgruppen. Dies ist die logische Konsequenz unserer Entwicklung. In einer Zeile eines Taschenbuchs etwa verringerst du die Zahl der visuellen Sprünge von acht (bei acht Wörtern) auf nur zwei, was natürlich bedeutet, dass du nicht mehr einzelne Wörter sondern Wortgruppen liest. Warum das funktioniert? Wir beginnen hier, unser peripheres Sehen (also den erweiter-

ten Blick) einzuschalten. Bei deinen ersten Gehversuchen in dieser Technik wirst du noch skeptisch sein, aber ich verspreche dir, dass du dich schon bald wohlfühlen wirst. Eine sehr einfache Version für Anfänger wäre es übrigens, einfach nur jedes zweite Wort zu lesen (easy). Ich bevorzuge es aber, gleich ein größeres Stück vom Kuchen abzuschneiden.
Wenn du gelernt hast, in zwei Sprüngen pro Zeile zu lesen, hast du es also schon einmal geschafft, etwa 3 bis 5 Wörter mit einem Blick zu erfassen. Du wirst sicher etwas Übung brauchen, um dich mit dieser Technik ganz wohlzufühlen, diese Übung zu erlangen, ist aber nicht besonders schwierig.

Tipp: Lesen lernen online
Beim Lesen im Internet können wir einen Trick anwenden. Dazu verengst du das Fenster des geöffneten Programms so weit, dass es nur drei bis vier Wörter pro Zeile anzeigt. So kannst du beim Lesen automatisch üben, denn du brauchst nur noch einen Sprung pro Zeile anzusetzen. Wenn du diese Technik eine gewisse Zeit lang anwendest, kannst du später fünf oder sechs und sogar bis zu sieben Wörter in einer Zeile erfassen. Spiele mit der Breite und übe so oft wie möglich.

Teste dich auf den kommenden Seiten und erfahre, wie du immer besser mit dem weiten Blick zurechtkommst, dafür habe ich Zeilen vorbereitet, die zuerst ein Wort, dann zwei Wörter und so weiter enthalten. Wiederhole diese Übung immer wieder, besonders einfach geht das wie gesagt, indem du das Fenster deines Internetbrowsers enger oder breiter stellst.
Später wirst du sogar zwei oder drei ganze Zeilen gleichzei-

tig lesen bzw. visuell fotografieren und dir irgendwann gar nicht mehr vorstellen können, wie lahm du früher gelesen hast. Probiere es aus und lies jetzt wirklich mit nur einem Sprung pro Zeile. Kein Schummeln erlaubt!

EIN WORT PRO ZEILE

Wie
viele
Wörter
denkst
du,
dass
ein
normaler
Mensch
mit
einem
Blick
erfassen
kann?
Es
sind
viel
mehr
als
du
dir
vorstellst.
Geübte

Leser
können
ihren
Blick
sogar
noch
weiter
öffnen
als
wir
das
bis
eben
besprochen
haben.
Ein
Wort
pro
Zeile
ist
easy.
Das
klappt
doch
schon
ganz
gut,
findest
du
nicht
auch?

ZWEI WÖRTER PRO ZEILE

Wenn wir
üben, immer
mehr Worte
gleichzeitig
zu lesen,
können wir
unsere Fähigkeit
und das
Textverständnis
um einiges
verbessern.
Es ist nicht
notwendig,
die kleinen
Wörter wie
zum Beispiel
Artikel, «und»
und «oder»
zu lesen,
denn aus dem
Kontext heraus
verstehen wir
diese sowieso.
Wenn wir
zwei Wörter
pro Zeile
lesen sollen,
fordert uns das
noch nicht heraus.

DREI WÖRTER PRO ZEILE

Merkst du schon
langsam, dass du
jetzt bereits mehr
Worte auf einmal
lesen kannst, als
du es dir gedacht
hättest? Es ist
wirklich so, wir
haben Teile der
Speed-Reading-Techniken
bereits verinnerlicht,
ohne uns dessen
gewahr zu sein.
Durch das Bewusstmachen
der Techniken können
wir einen großen Sprung
im Lesen machen.
Das gibt Grund
zur Freude, denn
durch das Anwenden
von dem, was du
hier übst, sparst
du dir in Zukunft
immer wieder ein
paar Minuten deiner
Zeit ein, die du
dann für andere
tolle Aktivitäten
einsetzen kannst.

VIER WÖRTER PRO ZEILE

Grossartig! Ab heute
kannst du dir selbst
Aufgaben stellen und mit
den «Wörtern pro Zeile»
spielen, indem du Browser-
Fenster in ihrer Größe
veränderst, mal die Zeitung,
mal ein Sachbuch, mal einen
Roman mit dieser Technik
liest und dabei immer
besser und flüssiger wirst.
Wenn du diese Zeilen mit
einem Sprung lesen kannst,
bist du bereits ein
fitter Leser und kannst
dich an größere Aufgaben
herantrauen. Denn dass du
diese Zeilen ohne Schwierigkeiten
lesen kannst, bedeutet eigentlich
nur, dass du bei Taschenbüchern
mit zwei Blicken bereits
eine ganze Zeile im
Auge hast und in Zukunft
einfach die unnötigen visuellen
Sprünge weglassen kannst.
Sprich: Du brauchst weniger
Zeit und findest schneller
heraus, wie der spannende
Text denn nun weitergeht.

FÜNF WÖRTER PRO ZEILE

Jetzt hast du es geschafft!
In Lehrbüchern gibt es oft
durch die Verwendung von
Spalten Zeilen mit nur noch
fünf bis sechs Wörtern. Das
kommt allen schnellen Lesern
sehr zugute, denn je enger
die Zeilen sind und je
weniger Wörter sie enthalten,
desto einfacher kann man
Zeile für Zeile weiterspringen
und muss nicht unnötig Zeit
verschwenden. Um fünf Wörter pro
Zeile zu lesen, braucht es
allerdings schon Meisterschaft,
wahrscheinlich hast du hier
auch schon gewisse Probleme mit
dem hohen Blicktempo, oder?
Später schaffst du vielleicht sogar
einmal sieben Wörter oder mehr
und wirst dann beginnen, mehrere
Zeilen auf einmal zu verschlingen.
Du wirst merken, dass die
Variationen, also sowohl das
Lesen mit sehr geringem als
auch das Lesen mit sehr
hohem Tempo, deinem Fortschritt
mehr als nur dienlich
sein werden für dein Leben.

TECHNIK 2 -DEN INNEREN VORLESER AUSSCHALTEN

Wie ist es dir bei der Übung ergangen? Bis dato haben wir die Technik des Gruppierens gelernt. Du weißt jetzt (und hast es auch gespürt), dass es wichtig ist, nicht nur ein Wort pro Blick zu erfassen, sondern gleich mehrere. Daher wenden wir uns jetzt dem inneren Vorleser zu.

Wenn wir uns jedes Wort selbst vorlesen, können wir eine gewisse Geschwindigkeit einfach nicht übertreffen, selbst wenn wir geübte Leser sind. Beim vorherigen Schritt, dem Gruppieren von Wörtern, haben wir aber schon einen Vorgeschmack darauf bekommen, was es bedeutet, den Vorleser auszublenden.

Um das noch besser vor Augen zu führen, wenden wir jetzt einen Trick an: Du darfst dir einen Ton aussuchen, den du summst, oder du sagst leise A-B-A-B vor dich hin. Das erleichtert dir anfangs den schwierigen Ausstieg aus dem Vorlesen sehr! Wenn du es geschafft hast, nicht mehr gedanklich mitzumurmeln und dabei die Wörter auch noch zu gruppieren, hast du deine Lesegeschwindigkeit bereits mindestens verdoppelt. Mit ein wenig Training kannst du jetzt Sicherheit erlangen und auch dein Verständnis verbessern, dazu nimmst du eine Zeitung mit längeren Artikeln zur Hand (wie die Süddeutsche oder die Zeit) und versuchst, wie schnell du lesen kannst, ohne das Verständnis einzubüßen.

Anfangs werden diese Techniken übrigens nicht gut greifen, das ist aber normal und das war auch bei mir sowie bei Tausenden anderen, die Speed-Reading erlernt haben, so.

Ich konnte jedoch mit sehr wenig Übung feststellen, dass mein Verständnis wieder besser wurde und bald bei höherer Geschwindigkeit mindestens so gut wie bei normaler Geschwindigkeit war, eher sogar besser. Wie beim Athleten eben.

Stopp – Bevor du jetzt weiterliest, halte bitte kurz inne und übe die eben besprochene Technik. Nimm dir dafür einen beliebigen Text zur Hand (gerne auch dieses Buch) und lies nun ein paar Seiten so schnell du kannst und summe dabei auch noch mit. Probiere es jetzt einfach einmal aus, denn es ist mir wichtig, dass du ein Gefühl dafür bekommst, wie schwer oder leicht es dir fällt. Und nicht vergessen: Übung macht den Meister …

TECHNIK 3 – RÜCKSPRÜNGE VERMEIDEN

Es ist eine universelle Angewohnheit, beim Lesen immer wieder zurückzuspringen. Das verlangsamt unser Tempo sehr, erhöht das Textverständnis aber praktisch gar nicht. Wahrscheinlich haben diese visuellen Sprünge eine sinnvolle Aufgabe, wenn man den Wald beobachtet und nach Feinden Ausschau hält. Da wir derzeit aber keine Säbelzahntiger im Wald befürchten müssen, bitte ich dich, dich jetzt und auf der Stelle vom Zurückspringen beim Lesen zu verabschieden und es auch nie wieder zu tun.
Die beste Hilfestellung dafür ist das Lesen mit dem Finger oder mit dem Lineal. Während du Zeile für Zeile liest, gehst

du einfach immer mit deinem Hilfsmittel mit und lässt dabei kein Zurückspringen zu. Wenn deine Konzentration sinkt, wirst du merken, dass du immer wieder Zeilen gar nicht richtig gelesen hast und sie automatisch wiederholen willst.

Tipp: Schneller werden
Wenn du unkonzentriert bist, deine Gedanken abschweifen und du dich regelmäßig bei Rücksprüngen ertappst, deutet das auf eine zu langsame Lesegeschwindigkeit hin. Erhöhe dein Tempo, um dich mehr zu fordern und steigere auf diesem Weg auch deine Konzentration. Sicher verstanden? Wenn du wenig verstehst, darfst du nicht langsamer werden, sondern im Gegenteil: schneller.

Dein Gehirn schaltet bei Unterforderung automatisch ab. Genau aus diesem Grund habe ich die meiste Zeit meines Lebens in Klassenzimmern und Vorlesungssälen dem Nirwana näher geweilt als meinem Lehrer und das ist auch der Grund, warum unsere Konzentration mit der Zeit beim Lesen sinkt. Anstatt dich zu unterfordern, lies besser so schnell, dass du gerade noch mitkommst.
Was wir später bei den Lerntechniken besprechen, gilt auch beim Lesen: Tiefe kommt durch die Wiederholung! Wenn bei der Lektüre Lücken bleiben, hast du später immer noch Zeit, diese zu schließen. Lücken bleiben aber übrigens immer, auch beim langsamen Lesen.

Tipp: Variiere deine Lesegeschwindigkeit
Es gibt keine pauschale „perfekte“ Geschwindigkeit, das ist ähnlich wie beim Laufen. An einem Tag fühlst du dich fit und

möchtest sogar Sprints einlegen, an einem anderen Tag aber trabst du eher vor dich hin. Abwechslung bringt dir Freude ins Training und wirkt der Monotonie entgegen, daher lies am besten manchmal genau richtig, manchmal ein bisschen zu schnell und manchmal viel zu schnell für dein Gefühl. So bleibt die Konzentration besonders hoch und deine Fähigkeiten werden sich schnell und merklich verbessern.

FRAGEN UND ANTWORTEN

Wofür genau soll ich schnelles Lesen einsetzen?

Idealerweise setzt du diese Methode immer dann ein, wenn du in kurzer Zeit viel Text bewältigen möchtest. So kannst du beim Lesen die schnelle und langsame Technik bewusst jeweils dann einsetzen, wenn du sie gut gebrauchen kannst. Abends vor dem Schlafengehen möchtest du vielleicht in Ruhe einen Roman lesen, das ist ja richtig so. Tagsüber vor dem Seminar willst du aber in kurzer Zeit viel aus deinen Unterlagen gewinnen, genau dafür lernst du auch diese Methoden.

Ich habe es jetzt schon ein paar Mal versucht, aber ich verstehe nichts von dem, was ich lese.

Das ist überhaupt nicht schlimm. So wie für jede andere Technik brauchst du auch für diese ein wenig Übung. Es wird sich dann an einem gewissen Punkt ein Gefühl einstellen, «als ob der Knopf aufgegangen wäre», also, dass es plötzlich viel besser funktioniert. Versuche anfangs, mit leichten Texten zu üben, damit du mehr Vertrauen in deine Fähigkeiten schaffst. Vergleiche dich nicht mit anderen und versuche nichts zu erreichen, gib dir einfach nur Zeit und ein wenig Übung.

Wenn das wirklich so gut ist, warum wenden dann nicht alle Menschen Speed-Reading an?

Speed-Reading zu erlernen, scheint zu Beginn wie eine Hürde, so etwa wie das Erlernen des Zehnfingersystems an der Tastatur. Du würdest mir sicher zustimmen, dass man üben muss, bis man dieses System beherrscht, aber ebenso, dass man danach unendliche Stunden einsparen kann, da man mühelos mit hoher Geschwindigkeit tippen kann. Es wird dich nicht überraschen, wenn ich dir jetzt sage, dass es mit dem Lesen nicht viel anders ist.

WIEDERHOLUNG «SCHNELLER LESEN»

1 – Wortgruppen bilden
2 – Mitsummen
3 – Mit dem Finger oder einem Lineal mitlesen

Wiederhole jetzt diese Techniken und wende sie sofort an. Nimm dir einen Text zur Hand und probiere aus, wie sich die Übungen auf deine Konzentration, Geschwindigkeit und dein Verständnis auswirken. Spiele und vertraue auf dein angeborenes Können.

Wähle anfangs eher leichte Texte und steigere dich kontinuierlich.

Vergiss nicht, immer wieder deine Geschwindigkeit beim Lesen zu messen und diese zu notieren – wirst du besser?

2

VIEL, VIEL SCHNELLER LESEN

Ist es zu schön um wahr zu sein? Vom Dreirad auf die Autobahn.

Es gibt viele Namen für visuelles Lesen, wie etwa Photo-Reading, Power-Reading oder Super-Reading. Aber der Name ist natürlich ganz egal, wichtig sind die Ziele, die wir uns setzen. In diesem Kapitel geht es darum, große Textmengen oder ganze Bücher schnell zu überblicken. Würdest du dich trauen, ein ganzes Buch in zehn oder 20 Minuten zu lesen? Jetzt ist es an der Zeit!

Ich möchte dir zeigen, wohin unser Weg gehen soll:

1. Überblicke ein ganzes Themengebiet mit minimalem Aufwand, indem du ein Buch von vorn bis hinten durcharbeitest und die wichtigsten Konzepte in kurzer Zeit verstehst.

2. Spare dir durch intensives Arbeiten Zeit und ermögliche dir dadurch, den Text öfter zu wiederholen, um dir langfristig mehr zu merken.

3. Überfliege große Texte und filtere die wichtigen Informationen heraus, ohne dich mit Nebensächlichkeiten zu beschäftigen. Wenn du dir bewusst machst, wo die Schlüsselaussagen versteckt liegen, brauchst du diese nur noch zu suchen.

Wir werden diese Ziele gemeinsam erreichen, indem wir uns wieder an ein paar Schritte halten und einfache Techniken erlernen. Zum Meister wirst du zwar erst durch Übung, aber ich verspreche schon jetzt, dass du mit ein wenig Bemühen bereits in kürzester Zeit sehr gute Erfolge sehen wirst. Lege zwischendurch übrigens immer wieder Pausen ein und lerne nur, solang du auch Spaß hast. Wer sich übernimmt und mehr macht, als er möchte, neigt oft dazu, später aus Trotz lange Zeit nicht mehr zum Buch zu greifen, wir wollen aber natürlich das genaue Gegenteil erreichen. **Wir möchten den Stoff so interessant machen, dass du töten würdest, um mehr zu erfahren.**
Natürlich gilt (und dieses Gefühl kennst du bestimmt): Wenn ich mir erst die Einleitung durchlese und dann ge-

mütlich das erste und zweite Kapitel, dann bin ich bald müde, habe nicht viel verstanden (aber nicht beunruhigt, denn Lernen ging noch nie besonders schnell) und gucke am Ende vielleicht doch lieber einen Film. Auf diese Art und Weise hemmen wir uns selbst.

Wenn wir aber Texte überfliegen, können wir Informationen im Vorbeigehen mit dem peripheren Sehen wahrnehmen. Diese Information wird subliminal, also unterschwellig gespeichert. Da unser unterschwelliger Speicher aber viel, viel, viel größer ist als der fokussierte Speicher, ist es sehr praktisch, diesen einzusetzen. Wenn wir uns auf etwas direkt konzentrieren, fällt das periphere Sehen beinahe aus bzw. wird die Wahrnehmung der Peripherie viel schlechter: Man stelle sich einen Tennisspieler vor, der sich im Schlag auf den Ball konzentriert. Er würde nicht bemerken, wenn sich die Zuschauer plötzlich in Zombies verwandelten. Wir versuchen nun, den erweiterten Blick, den wir im vorigen Kapitel zeilenweise eingesetzt haben, auf ganze Textabschnitte anzuwenden.

ZUR RUHE KOMMEN, MEDITATION

Speed-Reading erfordert vom Leser höchste Konzentration und damit einen entspannten und offenen Geisteszustand. Manche Autoren meinen, dass man auf Zen-Art mit dem Inhalt eins wird, wenn man sich gut genug konzentriert. Es ist in der Tat so, dass ein oder zwei Minuten Ruhe vor dem Lesen sich nicht nur auszahlen, sondern einen wirklichen

Unterschied bedeuten können. Als Autor weiß ich übrigens, dass dies ebenso für das Schreiben gilt.

Übung: Sitzende Meditation

Setz dich an den vorbereiteten Schreibtisch und lege das Buch vor dich. Die Fußsohlen finden Kontakt zum Boden, die Wirbelsäule hältst du gerade und lässt einfach locker. Nun zählst du deine Atemzüge bis zu einer bestimmten Zahl, z.B. 24. Die Atmung wird dabei langsamer, die Spannungen fallen vom Körper ab und die Beine werden warm. Du kannst bei dieser Übung bereits deine Konzentration auf den Inhalt des Buches einstimmen.

SCHRITT 1 – DURCHBLÄTTERN

Lies den Titel (Was ist das für ein Buch?), die Inhaltsangabe (Was finde ich in diesem Buch?) und blättere es jetzt von vorn bis hinten durch. Die Aufgabe ist leicht, denn es geht einfach darum, das Buch kennenzulernen. Unser Gehirn arbeitet sehr schlecht, wenn es keine Muster zuordnen kann, jedoch äußerst gut, wenn man Zusammenhänge herstellt, in die man Informationen einfügen kann. Durch diese Art des Kennenlernens schaffst du ein Raster, in das du später Informationen einbetten kannst. Wenn du mit dem Durchblättern fertig bist, kannst du das Gleiche noch einmal von hinten nach vorn machen und auch wieder von vorn nach hinten. Verharre jedes Mal ein wenig länger auf den Seiten und du wirst merken, wie du dich mit diesen vertraut machst. **Du brauchst jetzt noch nicht zu lesen.**

SCHRITT 2 - ÜBERSCHRIFTEN

Da du dich gerade mit dem Aussehen des Buches vertraut gemacht hast, kannst du jetzt auch schon ein wenig in die Tiefe gehen. Vergiss bitte nicht, dass bei jedem Mal Überfliegen automatisch Informationen hängen bleiben, derer du dir anfangs noch gar nicht bewusst bist. Kleine Kinder merken schließlich auch nicht, dass sie Sprache wahrnehmen und lernen.

Um in die Tiefe zu gehen, gehst du wieder Seite für Seite durch das Buch (einmal von vorn, einmal von hinten, wie gehabt) und liest diesmal alle Überschriften sowie die «Merke»-, «Wichtig»- oder «Cave»-Kästchen. Besonders Kurzlehrbücher sind darauf spezialisiert, gut und schnell lesbar zu sein, und servieren oft die essenziellen Informationen in solchen Kästchen.

Tipp:

Viele Autoren (ich korrigiere: die meisten Autoren) schreiben übrigens die wichtigste Information eines Paragrafen in den ersten Satz, das heißt, dass dieser bereits eine Zusammenfassung des Paragrafen bietet. Der restliche Text ist dann nicht selten nur dazu da, um die Informationen auszuschmücken und mit Anekdoten zu unterlegen. Daher lese ich bei diesem Schritt gerne neben den Kästchen und Überschriften auch die ersten Sätze.

An diesem Punkt hast du jetzt bereits mit nur bescheidenem Aufwand einen Großteil der Information verarbeitet. Merke: **Die wichtigsten Informationen und Hauptaussagen des Autors hast du sicher schon verstanden, obwohl du noch kaum gelesen hast.**

SCHRITT 3 – ABBILDUNGEN

Nicht umsonst sind viele Bücher mit Bildern und Grafiken versehen. Unser visuelles Gedächtnis ist viel stärker ausgeprägt als unser auditives, **sogar beim sogenannten auditiven Lerntyp.** Jetzt kannst du dich, falls das Buch oder der Artikel deiner Wahl visuelle Elemente enthält, an diese herantrauen.

Tipp vom Physio-Professor: Schwierige Zeichnungen verstehen. In der Medizin gibt es sehr komplexe Abbildungen, zum Beispiel in Büchern der Physiologie. Es gibt viele Botenstoffe, Rezeptoren, Rückkoppelungsmechanismen … Und alle werden grafisch in nur einem Bild festgehalten. Wenn ich mich für mehrere Minuten auf dieses Bild konzentriere und es auf mich wirken lasse, ohne Ungeduld oder Druck, kann ich beginnen, die Prozesse zu verstehen. Belasse deinen Blick auf der Grafik und warte.

ENDLICH VERTIEFEN?

Bis zu diesem Punkt haben wir noch nicht sehr viel Zeit investiert, trotzdem hast du aber schon vieles gelernt, kannst den Stoff gut kategorisieren, kennst die Einteilungen der Themengebiete, hast eine visuelle Vorstellung der Bilder und Texte bekommen und kennst das Buch schon sehr ausführlich. Du fühlst dich aber noch nicht sehr wohl, denn du willst endlich mehr wissen, möchtest einzelne Abschnitte lesen!

Wir haben uns sozusagen die wirklich spannende Information, den Tiefgang, völlig vorenthalten und möchten endlich Fakten, Fakten, Fakten. Ich denke, dass diese Lust am Wissen das Beste ist, was einem guten Lerner passieren kann. Und damit du nicht frustriert das Buch weglegst, darfst du jetzt auch endlich vertiefen.

Verfalle aber in Zukunft nicht dem Fehler, die zuvor genannten Schritte zu überspringen, du hast nämlich unterbewusst bereits viel zu diesem Thema gespeichert und die vorherigen Schritte haben eine große und umfassende Kartei in deinem Gehirn angelegt. Wiederhole diese Schritte immer wieder, auch mit bereits bekannten Büchern, und spiele mit den Techniken so viel und oft du nur kannst.

SCHRITT 4 – SEITENSPRÜNGE

Du kennst bereits die Technik des Springens, dafür machst du Sätze mit den Augen, die größer sind, als du akustisch erfassen könntest. Du nimmst dir erst drei Wörter mit einem Sprung, später vier, ... Wie du bereits weißt, kannst du auf diesem Weg deine Lesegeschwindigkeit deutlich erhöhen.

Jetzt versuchen wir noch viel größere Sprünge. Dazu gehst du Seite für Seite vorwärts und «erblickst» diese Seite mit vier Sprüngen, was bedeutet, dass du die linke obere, die rechte obere, die linke untere und die rechte untere Ecke für dein Gedächtnis fotografierst. Sollte eine Seite leer sein oder nur wenig Text enthalten, empfiehlt es sich, diese trotzdem so wie die anderen Seiten auch zu fotografieren, um nicht aus dem Takt zu kommen. Bald schon merkst du, wie du angenehm im Rhythmus liest.

Abbildung 1

Als nächsten Schritt wiederholst du diesen Vorgang noch einmal mit sechs und dann mit acht Sprüngen pro Seite. Bemühe dich und versuche, mit einem weiten Blick zu schauen und wirklich nicht zu lesen (im klassischen Sinn). **Es geht um die Fotos in deinem Gedächtnis.**

Abbildung 2 und Abbildung 3

Tipp: Beim Lesen schneller werden
Im vorherigen Kapitel haben wir noch Sprünge von mehreren Wörtern geübt, jetzt möchten wir noch schneller werden. Nimm wieder eine Stoppuhr zur Hand und stoppe jeweils eine Minute.

Erster Teil: In der ersten Minute liest du mit jedem Sprung eine ganze Zeile. Dann pro Sprung zwei Zeilen, dann drei und dann vier. In der fünften Minute liest du pro Sprung einen ganzen Paragrafen. Danach machst du eine Pause, um dich auszuruhen.
Zweiter Teil: Nun beginnst du wieder und liest Seite für

Abbildung 1

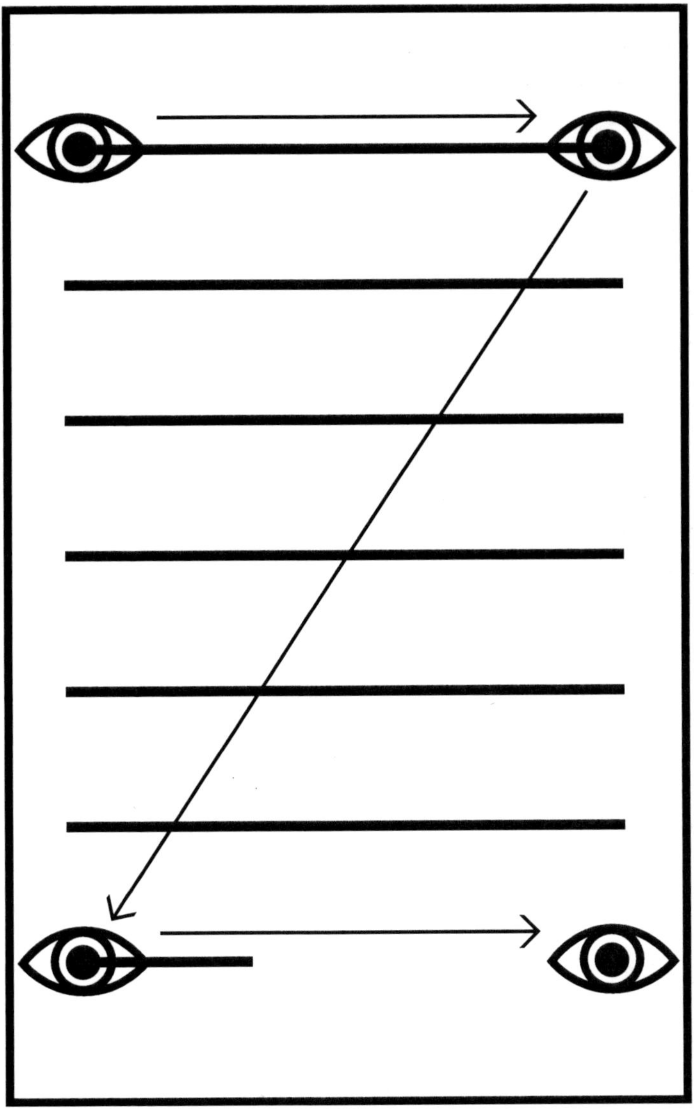

Abbildung 2

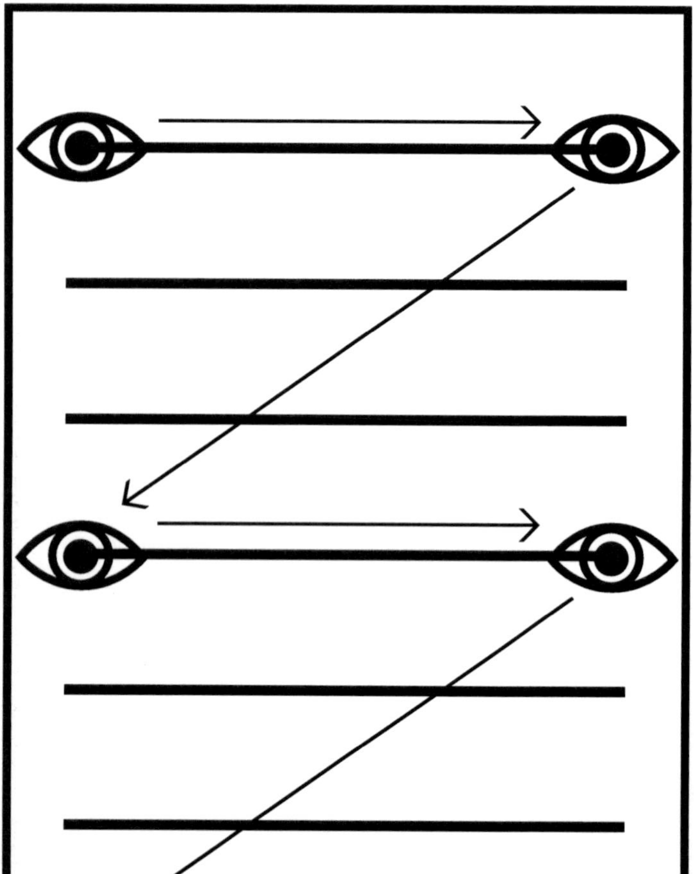

Abbildung 3

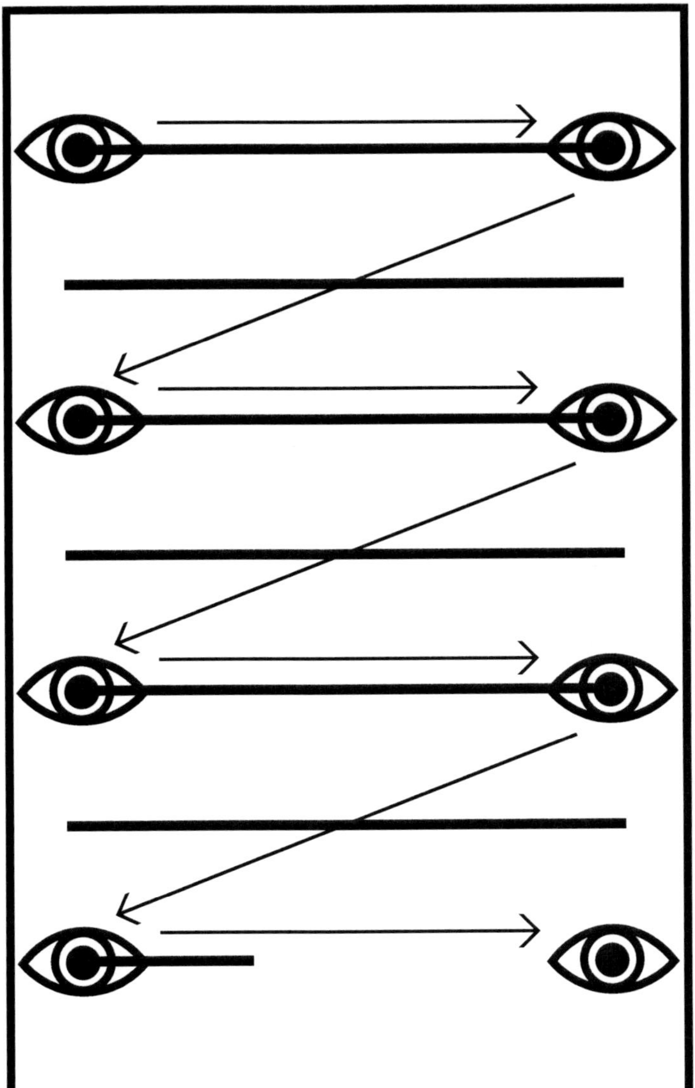

Seite mit je zehn Sprüngen, nach einer Minute verringerst du auf acht, dann auf sechs, auf vier und in der fünften Minute liest du mit nur zwei Sprüngen pro Seite.
Diese Übung wiederholst du am besten täglich, denn du wirst anfangs noch nicht perfekt sein, jedoch mit jedem Mal besser werden. Du trainierst mit dieser Übung einerseits das echte Lesen (mit der Zeilenübung) als auch das Fotografieren (mit der Sprungübung).

SCHRITT 5 – LERNEN UND MERKEN

Schon fertig? Natürlich nicht. Du hast dir jetzt mit einfachen Techniken eine Art des Lesens angeeignet, die du immer wieder und für alle möglichen Arten der Lektüre verwenden kannst. Du erhältst einen unglaublichen Überblick über das Themengebiet und, wie du mit ein wenig Übung sehen wirst, behältst mehr vom Inhalt, als du es derzeit noch vermutest.
Du kannst durch das Training ab jetzt bei jedem Mal Anwendung mehr und mehr Verständnis erlangen und somit deinen Effizienzquotienten (wie schnell lese ich dividiert durch wie viel verstehe ich) immer weiter erhöhen. Das macht Spaß! Um sich Dinge gut einprägen zu können, ist es wichtig, diese oft zu wiederholen (oder sie emotional wahrzunehmen, dazu an anderer Stelle mehr). Genau aus diesem Grund sind diese Methoden so wirkungsvoll, denn du gehst immer und immer wieder über den Text und vertiefst und verinnerlichst dabei die wichtigen Informationen.

Wenn du abends vor dem Schlafengehen noch einmal einen Bericht durchsiehst bzw. durchblätterst, das dauert höchstens fünf bis zehn Minuten, kann der Inhalt während des Schlafes hervorragend verarbeitet werden. Überfliege vor dem Staatsexamen doch die dicken Schinken jeden Abend oder deine gesamte Literatur am Tag vor der Defensio deiner Doktorarbeit. Speed-reade mehrere Kochbücher, bevor an den Herd gehst, oder Liebesgedichte, bevor du mit deinem Partner zu Abend isst. All diese Annäherungen werden in deinem Unterbewusstsein Steine ins Rollen bringen und du wirst Dinge wissen, von denen du dir selbst nicht erklären kannst, wie es dazu kam.

Tipp: Passives Lernen
Ich stelle meinen Mailaccount auf Italienisch ein und wenn ich dann mit meinen italienischen Freunden rede, verwende ich instinktiv Wörter, die ich gar nicht gelernt habe. Ich verwende sie auch noch richtig! Das kommt daher, dass ich sie immer wieder gesehen hatte und mein Gehirn sie automatisch richtig abgelegt hat, ohne dass ich irgendetwas dafür tun musste. Genau diese Aha-Erlebnisse wirst du nach dem Speed-Reading oft haben, du kannst dir zwar nicht erklären, warum du etwas weißt, spürst aber intuitiv, dass du es weißt und kannst richtig antworten (nicht zuletzt deswegen heißt es, dass man bei Prüfungen dem ersten Bauchgefühl vertrauen sollte).

Wir haben uns bis jetzt vor allem darum bemüht, in kurzer Zeit ein breites Verständnis zu erlangen, um später ein tiefes Verständnis auf dieser Grundlage aufbauen zu können. Du verwendest dazu die SQ3R-Methode, die im nächsten Kapitel ausführlich besprochen wird. Was ich jetzt schon

verraten kann: Das S steht für survey, also Überblick, und genau das – die Erarbeitung eines Überblicks über ein Themengebiet – haben wir gerade sehr gut gelernt.
Wer auf diese Weise arbeitet, merkt sich mehr – und das in viel kürzerer Zeit. Mein eigener Lerneffekt war besonders zu Beginn des Studiums ziemlich bescheiden. Erst als ich begann, aktiv mit solchen Techniken zu arbeiten, konnte ich wirklich sinnvoll und mit klarem Kopf Inhalte so behalten, dass ich mit meinem Lernprozess zufrieden war. Vergleiche dich aber nicht mit anderen, versuche deine eigene Leistung zu verbessern. Darum geht es in diesem Buch – und vielleicht auch im Leben.

DIE PRAXIS DER BLICKFÜHRUNG

Zum Schluss möchte ich dir noch einen kurzen Überblick über die Blickführung geben, also über die Art und Weise, wie du deine Blicke durch den Text steuerst. Es gibt mehrere Varianten, je nachdem wie schnell du sein möchtest und wie geübt du bist.

Zeile für Zeile

Mit einem oder zwei Sprüngen pro Zeile kannst du sehr einfach lesen. Das ist ein Vorwärtslesen.

Abbildung 4

Abbildung 4

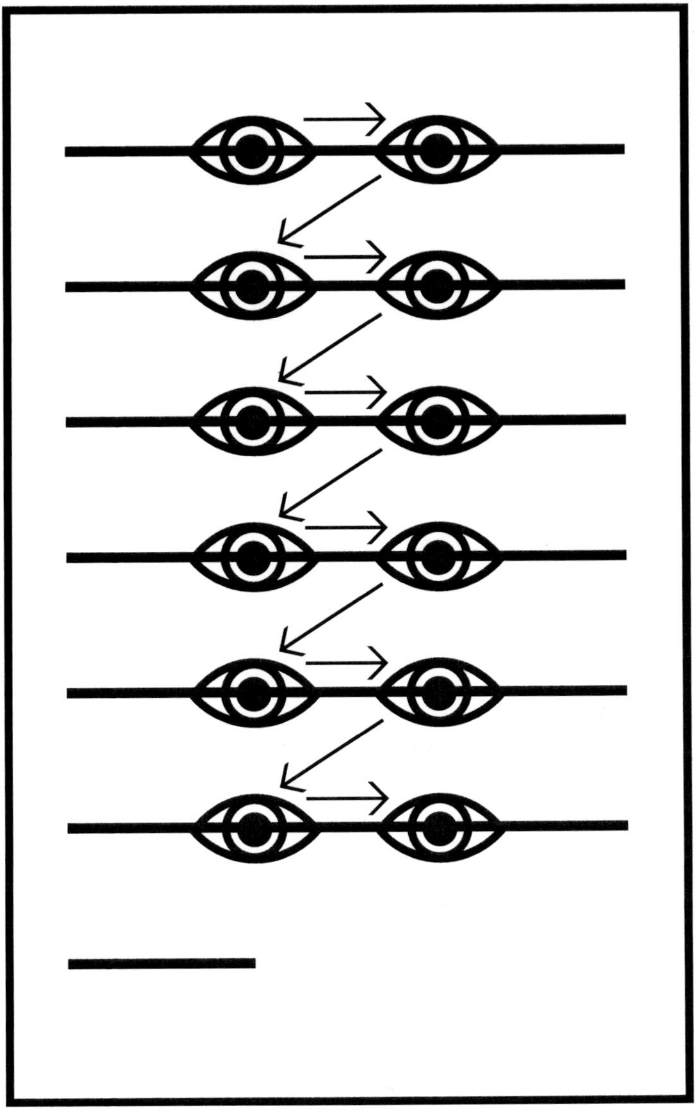

In beide Richtungen lesen

Solltest du schon geübter sein, kannst du zum Vorwärtslesen auch ein Rückwärtslesen einbauen, das heißt, dass du von links nach rechts und wieder nach links durch den Text streunst. Du brauchst eine Grundgeschwindigkeit für diese Technik, dann ist sie aber gar nicht einmal so schwer (und dafür deutlich schneller, denn man lässt den diagonalen Rücksprung aus).

Abbildung 5

Schleifenlesen

Hierbei gehst du die Seite in Schleifen ab und erreichst bereits hohe Geschwindigkeiten. Das ist eine Zwischenstufe, du liest nicht mehr Zeile für Zeile aber auch noch nicht diagonal.

Abbildung 6

Diagonal lesen

Um große Textmengen zu bewältigen und dir einen intensiven Überblick zu verschaffen, kannst du diese Methode wählen: Du fährst die Seite mit einer diagonalen Linie ab. Du kannst die Geschwindigkeit des Blicks steuern und anpassen.

Ein Blick pro Seite

Male dir selbst das Bild dazu. Anleitung: Male einen zentralen Punkt in ein Rechteck! Schneller geht's nicht.

Abbildung 5

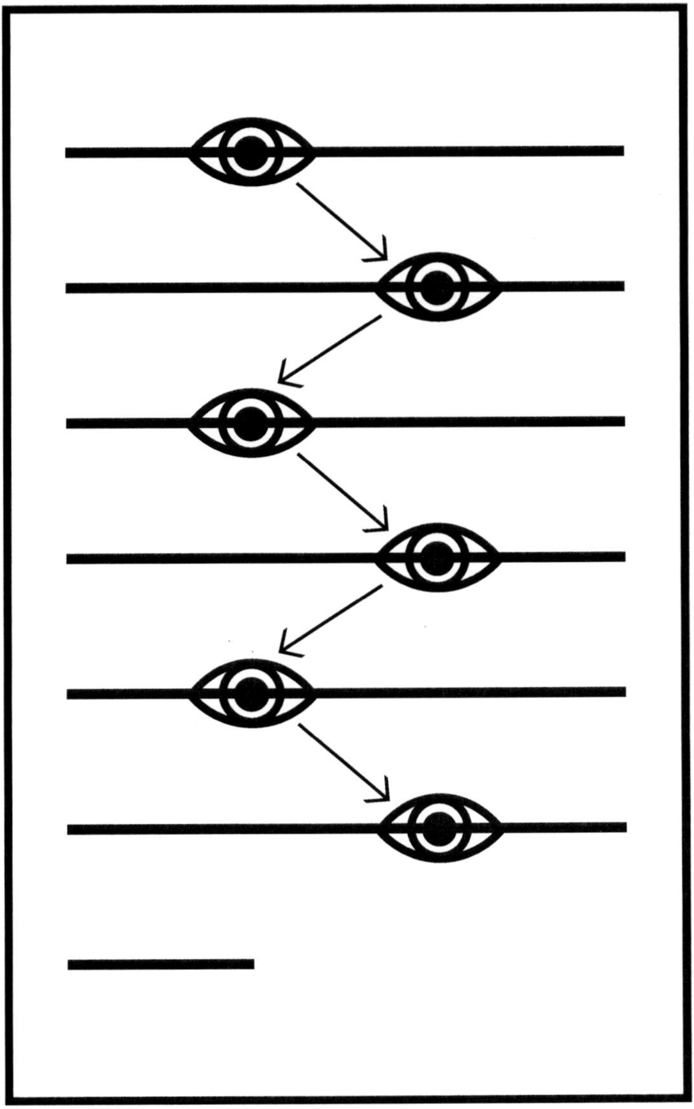

Abbildung 6

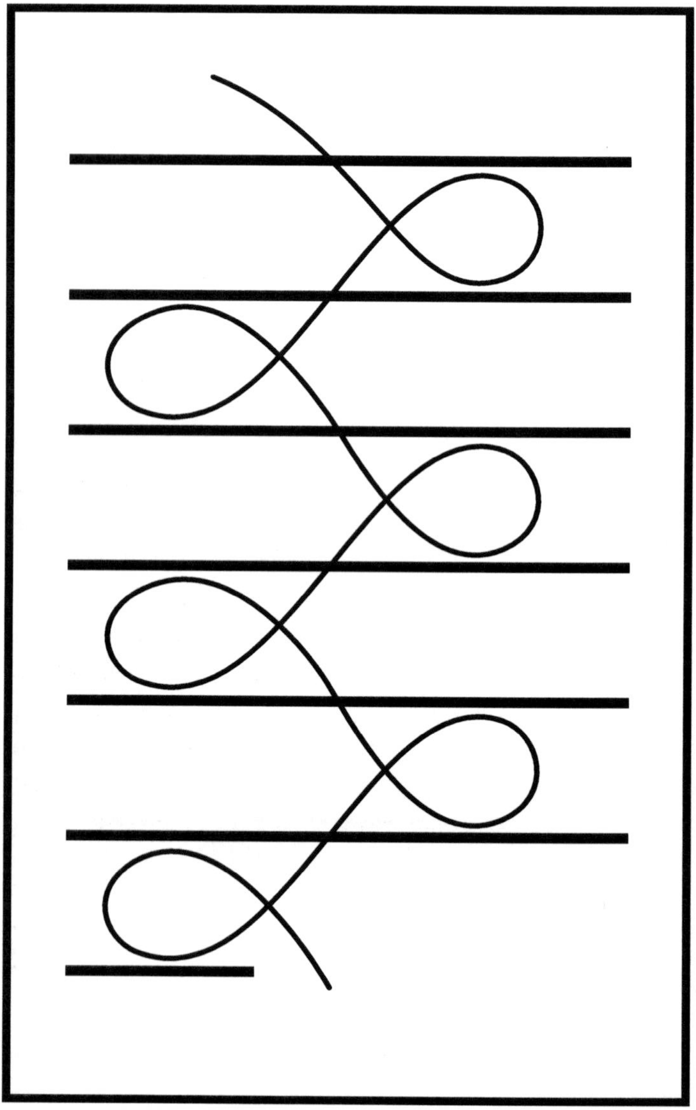

Du hast jetzt gelernt, dass es verschiedene Arten der Blickführung gibt, integriere diese am besten sofort in dein Repertoire. Mache dir dabei wie immer keine Sorgen, wenn es anfangs nicht perfekt klappt. Roger Federer konnte bei seiner ersten Tennisstunde als Kind sicher kaum einen Ball treffen, durch Übung und Training ist er aber trotzdem zum Besten der Welt geworden.

FRAGEN UND ANTWORTEN

Ich habe das Gefühl, dass ich so einfach nichts behalte. Ist das normal?

Natürlich, du hast deinen Blick geöffnet und wirst jetzt nicht mehr Wort für Wort vom Autor geleitet. Diese Geschwindigkeit verwirrt dich ähnlich wie einen Dreiradfahrer, der plötzlich in ein Auto einsteigt. Aber sehr schnell wirst du bemerken, dass deine Lektüre anders geworden ist und du deine Konzentration ab jetzt besser einsetzen kannst. Ab diesem Moment solltest du nicht mehr verunsichert sein, denn instinktiv spürst du, dass du mit jedem Mal Durchblättern mehr und mehr behältst, verknüpfst, entdeckst. Gib dir ein wenig Zeit, deine Fähigkeiten zu entwickeln.

Ich habe das Buch einen Nachmittag lang durchgearbeitet und habe jetzt zwar einiges gelernt, bin aber praktisch noch völlig unerfahren. Wie gehe ich weiter vor?

Die ultimative Lernmethode lautet: Praxis. Lerne ein Kapitel oder ein Themengebiet so interaktiv und sorgfältig wie möglich. Als Nächstes gehst du in die Praxis und suchst dir mehr Informationen, etwa in Museen, Praktika, Lehrkrankenhäusern oder im Privatgespräch mit einem Professor oder Mentor. Eine theoretische Fertigkeit praktisch umzusetzen, vertieft das Wissen unglaublich, als Medizinstudent konnte ich das immer wieder beobachten und bin überzeugt, dass das auch in anderen Bereichen gut geht.
Die zweite und nicht weniger brillante Methode zur Vertiefung von Inhalten lautet Unterricht. Man sagt: «see one – do one – teach one!» Du glaubst, dass du das Thema einfach nie verstehen wirst? Rufe jetzt (und ich meine in dieser Sekunde) fünf Freunde an, lade sie für Freitagabend zu dir ein, du machst Pasta für alle und es gibt guten Rotwein, und versprich mutig, dass du ihnen in nur einer Stunde einen guten Überblick über besagtes Thema verschaffen wirst – du wirst deine Kollegen unterrichten. Durch den Druck, den du dir selbst auferlegst, wirst du bestimmt Mittel und Wege finden, um bis dahin diese blöden Kapitel zu verstehen.
Bist du noch bei mir? Das wahre Lernen spielt sich im Leben ab. Traue dich, freiwillige Arbeit zu leisten, auf Mentoren zuzugehen und dein Wissen weiterzugeben. Mit diesem Buch mache ich letztendlich auch nichts anderes …

WIEDERHOLUNG «VIEL, VIEL SCHNELLER LESEN»

1 – Das Buch durchblättern
2 – Die Überschriften lesen
3 – Die ersten Sätze, die Kästen, die Abbildungen lesen
4 – Erst jetzt vertiefen

Nimm dir ein einfaches Buch zur Hand, das du schon immer lesen wolltest. Spiele mit allen Techniken, lies zwei oder drei Zeilen auf einmal, versuche das Vorwärts- und Rückwärtslesen, spiele mit den Unterschieden zwischen Schleifenlesen und diagonalem Lesen. Und vor allem: Spiele mit der offenen Konzentration.

Blättere an Abenden vor einer Rede, einer Prüfung oder einem Date durch Bücher dieses Themas.
Unterschwellige Wahrnehmung ist viel mächtiger als bewusste Wahrnehmung, es geht darum, dass du diesen Vorteil für dich einsetzt.

3

AKTIV LERNEN

Fünf Schritte, um das Gelesene für immer zu behalten

Studieren wird nicht mehr dasselbe sein, wenn du dieses Kapitel fertig gelesen und verinnerlicht hast. Wenn du nämlich mit Konsequenz die vorliegenden Techniken, die ich hier so einfach wie möglich erklären werde, umsetzt, wirst du sehr vom Lesen profitieren und dir den Stoff nicht nur besser, sondern auch viel länger merken können. Es handelt sich nicht um Zaubermethoden und auch nicht um Tricks, sondern nur um eine einfache Technik, die den Leseprozess in fünf Schritte gliedert und dir so bewusst macht, dass du immer wieder in dieser Reihenfolge vorgehen solltest und dadurch deine Lerntechnik langfristig verbesserst.

Du möchtest aber einfach nur lernen zu lernen, und zwar

mit so wenig Aufwand wie möglich? Genau das ist der Punkt! Diese Techniken sind besonders gut für entspannte Studenten gedacht, denn wer nicht gerne viel Zeit unsinnig verschenkt, sollte stets eine gute Technik parat haben. In etwa wie beim Bügeln: Wenn du richtig bügelst, ist dein Hemd nach drei Minuten glatter, als wenn du zehn Minuten lang ungeschickt vor dich hingebügelt hast. Easy und einleuchtend!

Die Schritte sind im Einzelnen:

1. **Survey:** Ich verschaffe mir einen Überblick.

2. **Question:** Ich schreibe mir Fragen auf, die ich mit der Lektüre beantworten möchte.

3. **Read:** Mit Speed-Reading lese ich die wichtigen Passagen und vertiefe, was ich zuvor nur gesichtet hatte.

4. **Recite:** Ich mache mir Notizen, male Skizzen auf oder unterstreiche wichtige Stellen im Text. Ich arbeite interaktiv mit dem Text.

5. **Review:** Am nächsten Tag und eine Woche später wiederhole ich meine Notizen und den Text, um mir die Inhalte langfristig zu merken.

Warum passiert es mir immer wieder, dass ich etwas gelesen habe und mich später kaum daran erinnere?
Das passiert, weil du dich nicht bewusst an den Text gemacht hast, sondern ihn nur passiv aufgenommen hast (und

nebenbei vielleicht das Wochenende geplant oder einen Kuchen gebacken hast).

Passivität ist eine große Hürde beim Lernen, denn was wir nur auf uns einrieseln lassen, bleibt nicht lang hängen. Es ist wichtig, den Fokus zu behalten. Du musst mit einem Text spielen, arbeiten, ihn herausfordern, auf den Kopf stellen und in eigenen Worten wiedergeben. Nimm dir daher die Muse und gehe mit dieser weltweit beliebten Methode an Texte und Lehrbücher heran. Du wirst merken, dass nicht immer jeder dieser Schritte eingesetzt werden muss, sondern dass du mit ein bisschen Erfahrung die einzelnen Techniken jeweils ideal anwenden wirst. Zum Beispiel kannst du immer wieder an Tagen mit wenig Zeit den ersten Schritt – Überblick verschaffen – ausführen. An einem Tag, an dem du dann über mehr Zeit verfügst, stellst du dir Fragen, liest in die Tiefe und profitierst somit von der geleisteten Vorarbeit. Passe diese Techniken so wie alle anderen auch immer an deine individuellen Vorstellungen, Zeitpläne und Lerngewohnheiten an. Jetzt zu den einzelnen Schritten.

PUNKT 1 – ÜBERBLICK

Durchsehen, mit dem Textbild und dem Seitenaufbau vertraut werden, das fotografische Gedächtnis aktivieren und ein Grundraster schaffen, in das später einzelne Informationen eingebettet werden können. Dazu blättere ich das Buch mehrere Male durch, von vorn, von hinten, präge mir die Bilder und Überschriften ein und versuche, das Buch richtig gut kennenzulernen. Ich finde diesen Schritt besonders wichtig, denn durch die Aktivierung des unterbewussten Lesens können wir mit jeder an diesem Punkt investierten Minute später mindestens zehn Lernminuten einsparen.

Je mehr Zeit du damit verbringst, dir einen Überblick zu verschaffen und das Thema kennenzulernen, desto leichter wird es dir später fallen, in die Tiefe zu gehen.

Lasse beim Blättern deinen Blick immer ganz locker und fixiere keine Wörter. Ausführlich besprochen haben wir diesen Punkt ja bereits im vorigen Kapitel.

PUNKT 2 - FRAGEN STELLEN

Welche Fragen habe ich an den Text? Was möchte ich wissen, welche Informationen muss ich unbedingt behalten? Im Laufe des Lesens kannst du dir immer wieder bewusst machen, ob deine Fragen beantwortet werden und ob dir neue kommen, die du hinzufügen willst.
Ich selbst schreibe für kurze Lerneinheiten nur zehn Fragen auf (Zugfahrt von Frankfurt nach Mainz, mit einer halben Stunde Zeit) und für längere Lerneinheiten zuhause oder bei Starbucks nehme ich mir 20 bis 30 Fragen vor. Die Effizienzkurve sinkt natürlich bei höherem Volumen, aber solang ich mich gut konzentrieren kann und Spaß habe, ist das nicht so schlimm.
Durch das Fragen drehst du den Spieß um und wirst zu deinem eigenen Prüfer, wodurch mündliche Prüfungen später zu leichten Fingerübungen werden, denn das meiste hattest du dich zuvor ja schon selbst geprüft. Ich kann aus

Erfahrung sagen, dass die Antworten, die ich mir einmal im Zuge einer Lerneinheit mit der SQ3R-Methode erarbeite, wirklich gut hängen bleiben. Der Unterschied zum normalen – je nachdem mehr oder weniger aufmerksamen Lesen – ist für jeden gut erfahrbar.

PUNKT 3 – AKTIVES LESEN

Nun ist es an der Zeit, den Text aufmerksam zu lesen. Mit den Speed-Reading-Methoden haben wir ja bereits ein starkes Werkzeug, um auch große Textabschnitte in relativ kurzer Zeit zu erfassen. Je komplizierter der Text ist, desto langsamer musst du lesen, sprich, desto mehr Augensprünge pro Zeile und Seite sind notwendig. Während du bei einer locker-flockig geschriebenen Einführung noch mit wenigen Sprüngen pro Seite auskommst, brauchst du bei einem komplizierten philosophischen Text bestimmt viel mehr. Man beachte, dass Texte oft in sich große Abweichungen in der Schwierigkeit aufweisen, also an manchen Stellen besser lesbar als an anderen sind. An diesen schwierigeren Stellen liest du natürlich langsamer und an unwichtigen oder sehr einfach verständlichen Stellen liest du schneller. Pass auf, dass du nicht nach einer schwierigen Stelle zurückspringst, um sie noch einmal zu lesen, sondern versuche schon vorher langsamer zu werden und sie auf Anhieb zu erfassen. So bleibt deine Konzentration viel besser erhalten.

Es ist wieder wichtig, die unbekannten Vokabeln des Textes, wenn möglich, schon vorher zu erlernen und sich außerdem an den Reihenfolgen der Wichtigkeit zu orientieren.

Du siehst jetzt, dass Überblick und Lesen kaum voneinander getrennt werden können und du immer wieder selbst entscheidest, welche Technik du zu welchem Zeitpunkt verwendest.
Tipp für die Anamnese:
Schnelles Lesen machen wir auch als Medizinstudenten am Patienten. Wir müssen ihn erst als Ganzes kennenlernen, ihn verstehen und ihn erfahren, um dann später einzelne Befunde genau feststellen zu können und uns Detailwissen zu erarbeiten. Wenn wir mit den einzelnen Befunden beginnen, werden wir zwar manche Diagnosen stellen können, unseren Patienten aber nie als ganzen Menschen verstehen und leicht ein wichtiges Detail verpassen.

PUNKT 4 – AUFARBEITEN

Nach jedem Abschnitt kannst du das Gelernte wiedergeben, indem du es in eigenen Worten aussprichst, aufschreibst oder -malst. Jetzt kannst du noch einmal über den Text schauen und wichtige Stellen anstreichen, Notizen am Rand oder in deinem Heft machen und gedankliche Verbindungen herstellen. Während des Lesens sind diese Dinge eher störend, denn du würdest durch Notizen viel langsamer lesen. Jetzt aber, kurz nach der Lektüre, ist es sehr wirkungsvoll, wenn du den Text interaktiv nach deinen Wünschen gestaltest. Male Charts und Grafiken auf oder gib deinem Lernthemen Tiernamen (na ja, vielleicht doch ein bisschen zu viel des Guten).
Genau an dieser Stelle passiert der Übergang in dein Langzeitgedächtnis und daher ist jetzt der Moment gekommen,

an dem du **häufig wiederholen, kategorisieren und Bedeutung vergeben** kannst, wie wir es im nächsten Kapitel besprechen werden. Schaffe die Denkverstrebungen, indem du vom Baum zum Wald und wieder zurückgehst. Am besten bunt, kreativ und laut.

Tipp:
Wähle ein Buch aus, aus dem du intensiv lernen möchtest. Dein Ziel könnte lauten: Heute verschaffe ich mir einen breiten Überblick über die Gesetze des Marketings mit dem Buch „Marketing verstehen". Nimm dir einen ganzen Tag Zeit (am besten in einer Bibliothek, wo es keine Ablenkungen gibt). Gehe die fünf Schritte durch. Achte darauf, dass du am Ende des Tages viele Seiten deines Papiers bemalt hast und dass du ein kreatives und für dich persönlich zugeschnittenes Lernprogramm hinlegst. So eine Einleitung in dein Thema, wie du es dir an diesem Tag selbst gönnst, bekommst du nie wieder!

PUNKT 5 – WIEDERHOLEN

Integriere das Gelernte aktiv in deinen Wissensschatz. Schaue in den nächsten Tagen immer wieder kurz auf den Text und auf das, was du angemalt hast, auf deine Notizen und Grafiken. Da dein Wissen ständig wächst, kannst du zu deinen Mitschriften auch jedes Mal neue Dinge hinzufügen, wenn du sie wiederholst. Kontrolliere, ob du deine Fragen noch beantworten kannst und ob vielleicht neue Fragen hinzugekommen sind. Es ist besonders gut, kurz vor dem Schlafengehen noch einmal zu wiederholen, dazu kannst du zum Beispiel die Notizen des jeweiligen Tages verwenden. Versuche auf jeden Fall am nächsten Tag und innerhalb einer Woche noch einmal auf das Gelernte zurückzublicken, vor allem wenn du für eine große Prüfung lernst, die noch weit weg ist, du aber noch eine große Menge an Stoff vor dir hast. Die Erinnerungskurve zeigt ohne Wiederholungen sehr schnell nach unten, aber mit regelmäßiger Repetition können wir unser Wissen archivieren und durch die Ergänzung aus anderen Themengebieten sogar immer mehr erweitern. Vernetzungen sind der Trumpf unserer Neuronen.

FRAGEN UND ANTWORTEN

Es sieht hierbei nach viel Arbeit aus. Ist es den Aufwand wert?

Aus voller Lunge: Ja! Erstens ist es gar kein so großer Aufwand, denn die Konzentration beim Lernen ist durch die Verwendung von Lerntechniken eine viel bessere und damit kann ich in weniger Zeit mehr erreichen. Also eigentlich ist es weniger Aufwand, auch wenn das am Anfang etwas komisch klingt. Wir können als Beispiel zwei Studenten vergleichen: Der eine lernt an einem Tag zehn Stunden vor sich hin und liest dabei ein paar Kapitel, schaut ein paar YouTube-Videos an und geht hin und wieder zum Kühlschrank, mal gucken, ob sich etwas verändert hat. Die andere arbeitet drei Stunden lang intensiv mit der SQ3R-Methode und hat danach den restlichen Tag frei, denn sie hat ihr Pensum durch die interaktive Arbeit geschafft und die Inhalte langfristig gespeichert, nur am Abend überfliegt sie noch einmal die Notizen von gestern und heute. Der eine wird abends nicht gut abschalten, weil er das Gefühl hat, nicht alles gegeben zu haben, die andere genießt ihr kühles Coke im Kino. Aktives und effizientes Lernen gewinnt!

Also immer mit Stift in der Hand lernen?

Exakt! Mache dir Notizen, male, kritzle. Nimm dir zum Lesen immer einen Stift zur Hand und sei impulsiv. All das bringt dein Gehirn zum Rauchen! Es ist nicht einmal so wichtig, dass du deine Notizen später archivierst, denn das meiste passiert schon, während du dir Schemata aufmalst und Mindmaps erstellst. Der Buntstift in deiner Hand ist unsere größte Waffe und das Stichwort lautet noch einmal: Vernetzungen schaffen.

Ich finde das alles ein bisschen theoretisch, ganz ehrlich, so lernt doch niemand?

Man würde sich wundern. Überflieger nutzen diese Lerntechniken, denn sie haben noch viele andere Projekte nebenbei laufen und wollen nicht ihre ganze Zeit fürs Lernen draufgehen lassen. Lernen sollte wirklich keinen Selbstzweck erfüllen, sondern deine Fähigkeiten verbessern und dein Wissen erweitern. Daher ist es super, wenn du in der gleichen Lernzeit viel mehr erreichst, mir macht Lernen auf diese Weise sogar Spaß, wirklich!

WIEDERHOLUNG «AKTIV LERNEN»

1 – Überblick
2 – Fragen zusammenstellen
3 – Lesen
4 – Nachbearbeiten
5 – Wiederholen

Es gibt sicher ein Thema, das du gerade lernen solltest, nimm dir das passende Buch jetzt gleich aus dem Regal! Verwende die besprochenen Techniken, erarbeite dein Wissen in fünf Schritten.

Schaffe dir einen Überblick und lerne den Text kennen, um dir ein imaginäres Raster zu erschaffen.
Stelle Fragen zusammen, die du beantworten möchtest und die du für interessant und wichtig hältst. Die Antworten auf diese wirst du besonders lang im Gedächtnis behalten.
Lies den Text zügig und konzentriert und wende dabei die Techniken an, die wir bereits kennengelernt haben.
Bereite das Gelesene für dich auf, mache Skizzen, fasse zusammen, einfach so kreativ wie möglich.
Wiederhole nun regelmäßig, auf jeden Fall innerhalb einer Woche, um deine Vergessenskurve flach zu halten. Neue Inhalte werden das Gelernte vervollständigen.

4

LERNTRICKS

Selbst die Besten der Besten können sich hier noch eine Scheibe abschneiden

Gutes Lernen ist ein wichtiger Schlüssel zu einem erfüllten Studentenleben und die nachfolgend beschriebenen Techniken werden dir genau dabei helfen. Es macht wenig Sinn, in diesem Kapitel dutzende Seiten Lerntheorie zu beschreiben und dem Leser am Ende keine praktische Erfahrung näherzubringen. Aus diesem Grund habe ich ein paar Rosinen herausgesucht und stelle sie dir so handlich wie möglich vor. Mit diesen einfachen Mitteln verbesserst du deine Lernleistung und schaffst dir eine gute Basis, um täglich besser zu werden.

KLARE ZIELSETZUNG

Wenn du einfach drauflos lernst, verlierst du vielleicht deine Richtung oder das Ziel aus den Augen. Frage dich klipp und klar, warum du lernst. Es ist etwas ganz anderes, ob du eine anstehende Prüfung vorbereitest oder ob du dich in ein Thema einliest. Je klarer du dein Ziel setzt, desto genauer und präziser kannst du dich dorthin bewegen. Wenn du ohne Ziel lernst, wirst du bestimmt (so wie viele Studierende) zum frustrierten Lerner, denn am Ende des Tages kann man sich immer vorwerfen, dass noch mehr drin war. Zielsetzung verhindert das. Wenn du dir klare Ziele setzt und diese auch erreichst, ist das sehr motivierend.

Der wichtigste Schritt, um ein Ziel zu erreichen, ist, dir bewusst zu machen, was du überhaupt möchtest. Was ist dein Ziel? Wenn du es kennst, kannst du aktiv darauf hinarbeiten!

Setze dir daher klare Ziele, die immer mindestens diese drei Punkte beinhalten:

1. eine Zahl (klar definiertes Ziel)

2. ein Datum (klar definierte Zeit)

3. mehrere Zwischenziele (und wann du sie erreichst)

Wenn du dir langfristige Ziele setzt, müssen diese einen direkten Bezug zu heute haben. Schreibe dir dein Ziel auf, setze ein Datum und die Zwischenziele fest und vor allem: lege fest, was du heute und morgen erledigen wirst, um

dein Ziel zu erreichen. **Du musst unbedingt heute damit anfangen, damit du den ersten Schritt gesetzt hast!** Es ist viel leichter, weiterzulernen, als mit dem Lernen zu beginnen, genauso wie mit vielen anderen Dingen im Leben. Wie heißt es bei den Läufern? Der schwerste Teil des Laufens ist es, sich die Laufklamotten anzuziehen …
Sich zu hohe Ziele zu setzen, ist übrigens sehr leicht, denn man muss sie gar nicht mehr erreichen, da man sie eh nicht schaffen kann. Sich selbst gut einschätzen zu können, ist wichtig.

EUSTRESS PRODUZIEREN

Fordere dich heraus, schließlich weißt du genau, dass du unter Stress mit einem Drittel der Zeit gleich viel lernst wie an einem gemütlichen stressfreien Sofa-Lerntag. Eustress ist die Art von Stress, die dich stärker und konzentrierter macht und deine Aufmerksamkeit aufrecht erhält. Distress jedoch ist jene Art von Stress, die dich ausschaltet, nervös macht und deine Leistung verringert. Das heißt: Eustress ist gut und Distress ist böse.

Tipp: Eustress aktivieren
Natürlich ist Stress nicht per se schlecht. Wenn plötzlich ein Tiger auftaucht, ist es wichtig, dass ich gestresst von ihm davonlaufe. Eustress ist fördernd, herausfordernd und verlangt mir das Beste ab. Distress ist zerstörend und verschlechtert oder blockiert meine Konzentration. Überhaupt kein Stress vor einer Prüfung ist nicht sehr förderlich, denn dann bist du beim Lernen nicht so schnell und hoch konzentriert wie du es sein könntest.

FORDERE DICH HERAUS UND SETZE DIR HOHE LERNZIELE

Diese müssen nicht unerreichbar sein, sie sollen so gemacht sein, dass du sie mit konzentrierter Höchstleistung erreichen kannst. Fordere dir alles ab, dafür darfst du dir aber natürlich auch mehr Freizeit gönnen. Mache aus dem 100-Tage-Plan für das Staatsexamen einen 50-Tage-Plan, jeder zweite Tag ist frei. Wenn du in deiner neu gewonnenen freien Zeit auch wirklich den Hobbys nachgehst, die du magst, zahlt sich so ein Plan aus! Vermeide allerdings, in deinen freien Intervallen dann neue Arbeit zu suchen. Gut zu entspannen ist genauso wichtig wie gut zu arbeiten.

INFORMATIONEN BESSER BEHALTEN

Es gibt drei hilfreiche Methoden, um Informationen wesentlich besser zu behalten.

1. Wiederholen: Wiederhole Dinge, die du lernen möchtest, immer und immer wieder. Gehe kontinuierlich über die Textpassage oder die Tabelle und präge dir den Inhalt gut ein. Je häufiger und auffälliger etwas im Kurzzeitgedächtnis gespeichert wurde, desto besser vernetzt es sich im Langzeitgedächtnis. Durch kurzfristiges Wiederholen ersparen wir uns auch viele Wiederholungen später. Dabei kannst du die Inhalte so bunt und verrückt gestalten wie du möchtest, Hauptsache oft und prägnant. Es gilt die Faustregel: Wenn du es nur oft genug ansiehst, merkst du dir so ziemlich alles.

2. Stoff strukturieren: Male dir Grafiken oder Tabellen auf, vergleiche Inhalte, denke in die andere Richtung. Beim Lernen von Krankheiten geht das besonders gut, denn immer wenn du eine Krankheit in die eine Richtung gelernt hast, sprich Symptome, Diagnostik, Therapie und Verlauf, kannst du danach dein Muster einfach umdrehen. Dazu suchst du dir heraus, für welche Krankheiten diese Therapie noch genutzt wird, welche anderen Krankheiten diese Symptome produzieren (Differentialdiagnose) und wie der Verlauf bei ähnlichen Krankheiten ist. Vergleiche und kategorisiere immer wieder und schaffe so Verknüpfungen, die den Stoff in deinen kleinen Neuronen festhalten.
Das Beispiel Metamizol. Da Metamizol als seltene Nebenwirkung Agranulozytose verursacht, ist es in manchen Ländern Europas verboten. Bei uns jedoch wird dieses Schmerzmittel zum Beispiel in den Notaufnahmen häufig verwendet. Um dir diese Nebenwirkung einzuprägen, die sicher bei einem Examen im Zusammenhang mit dem Medikament gefragt wird, schaust du dir im Gegenzug an, was Agranulozytose ist und welche anderen Medikamente sie noch verursachen. So kannst du dir die Information gleich beim ersten Mal merken. Immer wenn du in die eine Richtung lernst, lerne auch in die andere Richtung.

3. Gib dem Gelernten eine Bedeutung: Bei anatomischen Namen kannst du diese an dir selbst suchen und sie auf deinem Körper markieren, bei Krankheiten kannst du dir ein paar Sekunden Zeit nehmen und dir vorstellen, wie ein erkrankter Patient aussehen würde, gib ihm auch einen Namen. Für Geschichte überlegst du dir, wie Menschen in dieser und jener Epoche gelebt haben, für Wirtschaft überlegst du dir, wie diese Rechnungen sich auf dein Unternehmen auswirken würden.

Je mehr persönlichen Inhalt und Emotionen du in die Lernzeit bringst, als umso wichtiger bewertet sie unser Gehirn. Lustloses Lernen in einer sterilen Lesehalle sollte also von nun an der Vergangenheit angehören, denn das Gehirn will Action. Ob du Maschinenbau, Modedesign oder Dolmetschen studierst, je mehr **emotionale Färbung** du auf deinen Stoff übertragen kannst, desto leichter wird es dir fallen, dich zu erinnern.

ELIMINIEREN

Es ist bei jeder Arbeit und bei jeder Lerneinheit besonders wichtig, auf die Effektivität zu achten. «Bin ich in diesem Moment effektiv? Arbeite ich jetzt gerade auf mein Ziel hin? Verfolge ich auch meinen Fokus?»

Eliminiere alles, was dich nicht weiterbringt und achte darauf, dass du dich selbst immer wieder kontrollierst. Jedes Mal, wenn deine Gedanken abschweifen, du ineffektiv wirst oder du merkst, dass du doch wieder deine Mails checkst, bringe dich zurück auf deinen Weg und arbeite konzentriert weiter oder lasse es ganz sein und lege dafür eine schöne Pause ein. Eliminieren, eliminieren, eliminieren. Du musst nicht jede Einzelheit verstanden haben (es ist viel wichtiger, den Kontext zu kennen), du musst nicht für das kleine Fach lernen (wenn das große viel schwieriger ist) und du musst schon gar nicht die Präsentation vorbereiten (wenn sie eigentlich erst in drei Wochen dran ist). Mach dir immer wieder bewusst, dass du deine Arbeitszeit in die richtigen Schritte investierst und dass du nicht einfach Zeit am Schreibtisch absitzt, weil man das halt so macht.

DIE ZEHNMINUTENREGEL

Es ist beim Lernen oft schwierig, durchzuhalten oder anders gesagt: eigentlich ist es nur bei uninteressanten Sachen schwierig. Um also in einem Thema Fuß zu fassen und ins Lernen hineinzukommen, eignet sich diese Regel besser als jede andere!

Setze an einem Lerntag eine gewisse Anzahl an Uhrzeiten, z.B. 9 Uhr, 11 Uhr, 13 Uhr, 17 Uhr und 19 Uhr (diese sind natürlich beliebig) fest und schreibe sie groß auf ein Blatt Papier, das du bereit liegen hast. An diesen Uhrzeiten wirst du dich jeweils für mindestens zehn Minuten an den Stoff machen und dann eine Entscheidung treffen. Möchtest du wirklich nicht weiterlesen? Dann tu es nicht und mache stattdessen, was du willst. Alles ist erlaubt und du musst dich nicht schlecht fühlen. Liest es sich doch interessant? Dann lies weiter und mach eine Lerneinheit aus diesem Interesse, nutze die Chance, dass du motiviert bist. Aufhören darfst du, wann immer du willst, schließlich weißt du genau, dass bald wieder die nächste Lerneinheit folgt.

In meinen Augen ist dieses System sehr einfach, entspannt und erfolgreich, da man sich den meisten Druck nimmt und trotzdem in einem verantwortungsvollen Tempo lernt. Negativer Druck und Distress entstehen nämlich vor allem bei straffen Lernplänen, die kaum ein Mensch durchhält. Montag 8 bis 13 Uhr, Mittagessen, 14 bis 19 Uhr, entspannen. Dienstag ... Das hält doch niemand durch und niemand kann bei solchen Zeitplänen kontinuierlich effektiv und effizient Leistung erbringen. Trotzdem habe ich schon oft Lernpläne gesehen, in deren Rahmen sich Studenten genau solche harten Zeiteinteilungen aufbürden. Ich verspreche dir, dass diese Pläne mit Effektivität nichts zu tun haben – oder werden Fabrikarbeiter besser, je länger sie in der Halle stehen, werden Taxifahrer konzentrierter, wenn sie länger fahren oder Chirurgen geschickter, wenn sie nachts noch ein paar Extrastündchen einlegen? Wenn wir nur den Beginn einer Einheit bestimmen, können wir diese zehn Minuten intensiv nutzen, Speed-Reading betreiben, Inhalte wiederholen und vertiefen und durch den regelmäßigen Kontakt mit dem Stoff und unseren Büchern auch gute Erfolge erzielen. Am Ende zählen nicht die am Schreibtisch verbrachten Stunden, es zählt, dass du viel lernst, Freude an deinem Studium hast und gesund durch die Prüfungswochen kommst.

Morgens aufstehen ist übrigens Pflicht und die erste Lerneinheit wird im Notfall einfach nach zehn Minuten abgebrochen, aber schummeln ist ausnahmsweise mal nicht erlaubt. Das klingt doof, aber es ist wirklich so, mit der Zehnminutenregel tricksen wir unseren inneren Schweinehund aus.

KREATIVITÄT UND SPRACHEN LERNEN

Warum lernen viele Erwachsene die Sprache nur auf dem Papier und kaum im Mund? Man hat den Eindruck, dass sie Cervantes, Camus oder Shakespeare schriftlich zitieren könnten, sich aber kaum an eine telefonische Pizza-Bestellung trauen. Sie lernen die Sprache nicht mit Händen und Füßen, mit der Zunge, den Ohren und dem Blick, sondern rein theoretisch, nach Grammatik und Vokabeln. Das tun Kinder aber nicht. Kinder sagen, was auch immer sie wollen – es zählt der Inhalt und nicht die Form – und machen dabei so viele Fehler wie nötig sind, im schlimmsten Fall werden sie korrigiert.

Um Vokabeln zu lernen, muss man die Objekte der Nomen angreifen und die Verben tun, die Adjektive erleben und die Satzstellung so oft misslingen lassen, bis sie irgendwann passt. Lernen im Ausland ist dafür genau das Richtige, wenn man eine Affäre mit einem Einheimischen hat, wenn man das Essen isst und nicht nur davon liest und wenn man an einem Haus vorbeigeht, es fotografieren und berühren kann. Ist das nur bei Sprachen so? **(Hint, hint, natürlich nicht!)**

Eine geniale Technik, um Sprachen zu lernen, will ich dir natürlich nicht vorenthalten. Abends, kurz vor dem Schlafengehen, blätterst du eine Vokabelsammlung oder ein Vokabelbuch durch. Konzentriere dich nicht unbedingt auf einzelne Wörter, sondern scanne ein bisschen die Listen ab, schaue dir grob die Begriffe an und schlafe in Ruhe ein. Wenn du das für zwei Monate machst, verspreche ich dir geniale Resultate bei einem Aufwand von nur wenigen Minuten an jedem Abend. Ich selbst habe mir durch diese einfache Methode viele Stunden unnötiger Lernerei erspart und dafür die Tage frei gehalten, um Exkursionen zu machen. Für die Grammatik kann ich mir später immer noch ein Buch zur Hand nehmen, aber für die Vokabeln gibt es keine bessere Methode. Und Sprachkurse? In meinen Augen eher eine soziale Angelegenheit, um Kontakte für die Party am Abend zu knüpfen ...

DIE GEHIRNHÄLFTEN VERBINDEN

Je mehr Teile deines Gehirns du einsetzt, desto besser kannst du Informationen behalten. Jede Körperübung, um die linke und die rechte Gehirnhälfte zu verbinden, hat dabei volle Gültigkeit. Beispielsweise kannst du das rechte Knie mit dem linken Ellenbogen zusammenführen und umgekehrt und das für eine Minute wiederholen. Du kannst dir mit der linken Hand die Zähne putzen, weil du so ein ganz neues Gefühl für die linke Seite bekommst, du kannst beim Tennis und Fußball mit der schwächeren Hand und dem schwächeren Fuß spielen. Mache deinen Abwasch und deine Bügelwäsche mit der schwächeren Hand! Mit der schwachen Hand zu schreiben, ist ebenfalls eine sehr gute Übung. Wenn du darin schon Meisterschaft hast, schreibe mit der rechten und linken Hand gleichzeitig, erst in die richtige Richtung und dann spiegelverkehrt. Angeblich können die echten Stars dann sogar links und rechts verschiedene Texte gleichzeitig schreiben, aber so weit müssen wir derweil noch nicht gehen. Als visuelle Übung habe ich dieses Quadrat vorbereitet.

Übung: Das Quadrat

Schaue auf das Quadrat. Du wirst bald bemerken, dass du es im 3-D-Raum wenden und die Perspektive dabei frei wählen kannst, einmal von links unten und einmal von rechts oben. Versuche nun für eine volle Minute, deinen Blick in jeder Sekunde zu wechseln und zwischen den Perspektiven zu switchen. Oh yeah, das ist der ultimative Wecker für schlafende Neuronen! Du kannst diese Übung zur Abwechslung auch erweitern, indem du erst das eine und dann das andere Auge abdeckst.

***Abbildung** 7*

Übung: Frei assoziieren

Die freie Assoziation ist eine schwierige Übung, die deinen ganzen Denkapparat herausfordert. Stoppe zwei Minuten auf einer Uhr und sage in dieser Zeit alle Wörter auf, die dir in den Sinn kommen. Es gibt keine Tabus und du kannst im geschlossenen Zimmer frei losplappern. Je lockerer du beim Sprechen wirst, desto mehr bemerkst du deine Entspanntheit und das Abfallen von einengenden Mustern. Diese Übung ist wie ein Wirbelwind, der mit deinen Gedanken aufräumt. Versuche wirklich so frei wie möglich zu sprechen, dabei Wörter zu suchen, die unabhängig voneinander sind und auch noch so schnell wie möglich zu sein. Suche dir ein Wort aus, das du dazwischenrufen kannst, wenn dir nicht sofort ein anderes einfällt, damit keine Pausen entstehen.

Abbildung 7

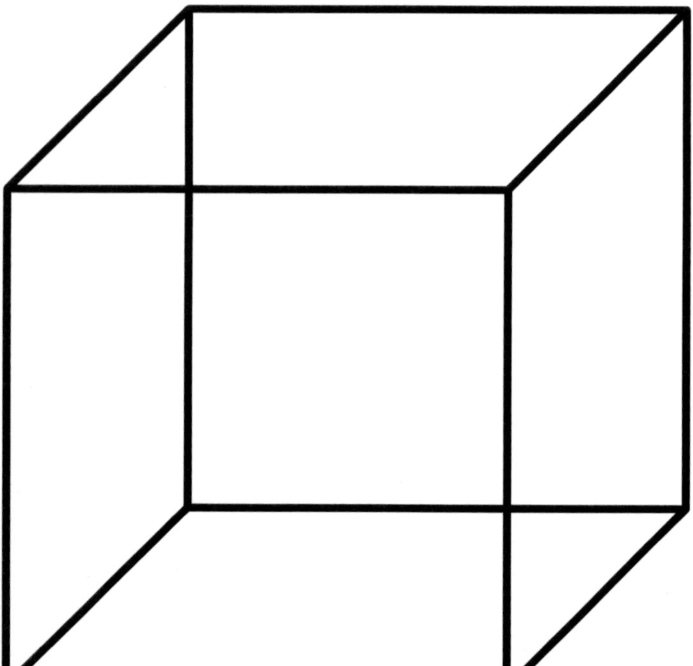

PAUSEN

Regelmäßige Pausen sind beim Lernen sehr wichtig, plane diese ein, bevor du müde wirst. Wenn du erst die Pause machst, nachdem du müde geworden bist, hast du schon zu lang gewartet, das ist in etwa wie mit dem Trinken, warte nicht, bis du Durst hast. Mache in den Pausen, was du willst, es soll natürlich so weit wie möglich von deinem Lernstoff entfernt sein. Nutze Pausen für einen Handstand, ein kleines Workout oder um einen Song zu hören, den du gerne magst. Um dich auch weiter fit zu halten, kannst du deine Ohren reiben.

Übung: Die Ohren reiben

Nimm deine Ohren zwischen die Daumen und Zeigefinger und reibe auf und ab. Reibe die Ohrläppchen, massiere die Knorpelteile entlang, und drücke auch an jenen Stellen mit Schmackes, wo es anfangs unangenehm ist. Nimm danach die Ohren fest in die Zange und ziehe sie von deinem Kopf für mindestens eine Minute lang weg. Durch den langsamen und andauernden Zug wirst du spüren, wie deine Ohren und dein ganzer Kopf warm werden und sich alle Teile deines Gehirns aktivieren. Das ist eine meiner Lieblingsübungen!

PRÜFE DEINEN BESTEN FREUND

Meistens ist es doch genau umgekehrt, oder? Du möchtest

zu einer Prüfung antreten und setzt dich noch einmal mit deiner besten Freundin abends auf die Couch und lässt dich bei Chips und Cola abprüfen. Dir ist sicher auch schon aufgefallen, dass dein Lerneffekt dabei nie so richtig groß war, deine Freundin aber am Ende des Abends zur Expertin deines Themas geworden ist? Natürlich ist das so, denn die Rollen sind genau verkehrt vergeben.
Während deine Freundin ein klares Schema vor sich liegen hat (das Lehrbuch oder die Fragensammlung), kämpfst du mit deinen Antworten im leeren Raum. Sie muss dir erklären, wie du strukturierter weiterdenken und deine Ideen in größere Konzepte einbetten kannst. Sie macht also genau die Arbeit, die dir guttun würde, sie strukturiert und verarbeitet die Inhalte. Wende das Blatt und prüfe deine Freundin. Sie wird keinen blassen Schimmer haben, aber halb ratend und halb durch dich unterstützt wird sie immer wieder Fragen gut beantworten können, während deine Neuronen damit beschäftigt sind, es ihr so verständlich und einfach wie möglich zu vermitteln. In Wirklichkeit vermittelst du den Stoff aber eigentlich dir selbst so verständlich und einfach wie möglich. Perfekt!

PRÜFE DEIN SPIEGELBILD

Es ist natürlich trotzdem sehr sinnvoll, dich selbst zu prüfen. Dazu erstellst du eine Liste mit 100 oder besser 300 Fragen, zu denen du jeweils einen Satz oder Paragrafen antworten kannst. Ein Beispiel aus der Medizin: «Was misst ein EKG?». Antwort: «Das Elektrokardiogramm misst die Summe der elektrischen Aktivität der Herzmuskelfasern.»

Setze dich nun vor den Spiegel, stelle dir eine Frage nach der anderen und beantworte sie während du dir selbst in die Augen siehst. Während dir Freunde oft auch in Themengebieten Mut machen, in denen du noch nicht firm bist, kannst du dich selbst ehrlich und schonungslos bewerten. Lobe und belohne dich für gute Antworten, sei aber auch sehr streng, wenn sie noch nicht sitzen. Das Spiegeltraining soll härter sein als deine mündliche Prüfung, denn wovor kannst du dich dann noch fürchten?

Tipp von Wolfgang: Sich selbst prüfen
Ich habe mich vor meinem Staatsexamen immer wieder im Spiegel selbst geprüft, so konnte ich Sicherheit beim Reden erlangen und mir die Themen gut einprägen. Wenn ich ein Thema noch nicht gut drauf hatte, merkte ich das sofort und machte mich gleich wieder ans Lernen! Eine sehr wirkungsvolle Technik.

VERWENDE DIE LOCI-TECHNIK (ODER EINE ANDERE LERNTECHNIK)

Es gibt sehr ausführliche Bücher über Lerntechniken in allen Facetten. Ich möchte dir aus diesem Pool diesen einen Trick besonders herausstreichen, denn er ist für mündliche Prüfungen, Vorträge und überhaupt für das Behalten von Informationen sehr hilfreich und wird dir eine hervorragende Einführung in die Trickkiste des Lernens bieten.

Verknüpfe deine Inhalte mit Orten oder Dingen, die du mit Sicherheit kennst, ich versuche es so einfach wie möglich zu erklären. Du kennst die Reihenfolge von Bildern in deinem Zimmer, du kennst also diese Objekte und kannst dir mental vorstellen, wie du eines nach dem anderen ansiehst. Du kannst jetzt Lerninhalte mit diesen Bildern verknüpfen und wenn du dann an die Bilder denkst, erinnerst du dich automatisch an die Inhalte. Du brauchst also eine Anreihung von Objekten, die du aus deiner Wohnung oder einem anderen, vertrauten Umfeld gestalten kannst, oder du gehst spazieren und merkst dir die Objekte auf dem Weg. Diese Ketten könntest du zum Beispiel bilden:

1. Die Bushaltestellen auf deinem Weg zur Uni (St. Leonhard > Odilieninstitut > Reiterkaserne …)

2. Die Farben des Regenbogens (rot > orange > gelb > grün > blau > violett)

3. Die Alben von Camarón de la Isla nach Erscheinungsdatum (Cómo el agua > Calle real > Viviré > Te lo dice Camarón …)

4. Die Städte, die du auf deiner letzten Reise besucht hast (Cannobio > Genua > Rom …)

5. Für das kommende Beispiel verwende ich die größten Länder der Welt nach Einwohnern, das sind: China > Indien > USA > Indonesien > Brasilien …

Du musst eine Kette verwenden, die du auch sehr gut

kennst. Ich als Flamenco-Fan könnte die Camarón-Kette einsetzen, ein Geografie-Experte bevorzugt wahrscheinlich das fünfte Beispiel.
Gib jetzt jedem dieser Objekte eine Information. Wir stellen uns vor, dass du einen Vortrag über effektives Lernen halten möchtest und die Unterpunkte dieses Kapitels besprechen willst, wir hangeln uns jetzt an den größten Ländern der Welt entlang.

1. China – Setze dir ein klares Ziel

2. Indien – Eustress produzieren

3. USA – Informationen besser behalten

4. Indonesien – Eliminieren

5. Brasilien ...

Du beginnst deinen Vortrag und denkst an China (große Ziele), fährst mit Indien fort (stressiger Verkehr) und kannst so anhand der Bilder sicherstellen, dass du keinen Punkt vergisst. Der große Vorteil an dieser Technik ist, dass du selbst bei Ausfall eines Punktes, also wenn du etwa nicht mehr weißt, wofür die USA standen, trotzdem danach fortfahren kannst, denn dir fällt wieder ein, wofür Indonesien gestanden hatte, du vergisst also höchstens einzelne Punkte, aber nie den roten Faden. Die Loci-Technik verhindert, dass dich ein ausgefallener Punkt aus dem Konzept bringt und ermöglicht dir trotzdem eine sehr einfache und bildliche Vorstellung deiner Hauptpunkte in Form von Assoziationen. Stelle dir wirklich starke Bilder vor, wenn du dir die Informationen einprägst, damit du diese visuell speicherst. Wenn du dir statt der Länder deine eigene Familie vorstellst, kann dein Opa laut zu dir sagen: «Setze dir ein klares Ziel», deine Oma stellst du dir ganz gestresst vor und dein ältester Onkel, ein Informatiker, erzählt dir etwas über Informationen. Sei wie immer kreativ! In mündlichen Prüfungen kannst du dir selbst mit kürzester Vorbereitungszeit (zwei bis drei Minuten) einen klaren Plan zusammenstellen, wie du deine Antwort strukturieren möchtest, und dir diesen sofort merken. Durch regelmäßigen Einsatz kannst du diese Technik für dich selbst optimieren.

FRAGEN UND ANTWORTEN

Ich habe bald Prüfung, aber irgendwie bin ich einfach nicht motiviert.

Vergiss deine Prüfung, denk einfach an das Lernen an sich (jetzt klinge ich wieder wie so ein Zen-Heini, aber es stimmt!). Sortiere die Inhalte, suche dir nur das Allerwichtigste heraus und lerne mit der Zehnminutenregel so effektiv und effizient wie möglich. Zwinge dich zu nichts, aber beginne erst einmal, und zwar genau jetzt. Egal welches Ziel du erreichen möchtest, der wichtigste Schritt für deinen Erfolg ist der erste, konzentriere dich. Vergiss nicht zu eliminieren. Je näher der Prüfungstermin rückt, desto wichtiger ist, dass du nur noch das Essenzielle und Produktive in Angriff nimmst und alles Unwichtiges beiseitelässt. Je mehr Fokus du setzen kannst, desto einfacher wird dein Erfolg.

Bei mir geht beim Lernen nichts weiter, während meine Kommilitonen immer davon prahlen, was sie schon alles wissen. Bin ich einfach nicht für dieses Studium geeignet?

Manche Studenten prahlen, wie viel sie doch schon gelernt haben (Angeber) und andere seufzen immer nur, dass sie noch gar nichts gelernt haben (Tiefstapler). Mach du dein eigenes Ding. Vergleiche mit anderen Studenten bringen dich nicht weiter, erstelle dir deinen eigenen Lernplan und halte dich daran. Miss dich an dir selbst und sonst an niemandem, denn genau wie beim Poker lassen sich nur wenige gerne in die Karten schauen (warum auch immer ...). Dein Ziel ist es, wie überall im Leben, aus deinem eigenen Potenzial das Beste zu machen und Spaß zu haben.

WIEDERHOLUNG «LERNTRICKS»

Setze dir klare Ziele und schaffe die richtige Dosis Eustress.

Um Inhalte gut zu lernen, musst du diese

1 – oft wiederholen,
2 – strukturieren und
3 – mit Bedeutung versehen.

Konzentriere dich und überprüfe immer wieder deine Effektivität.

Probiere die Zehnminutenregel aus und spiele mit der Loci-Technik.

Sei so kreativ wie möglich, mache genug Pausen und lege dir deinen persönlichen Lernstil zu.

5

JEDES ZIEL ERREICHEN

Erklimme die zwölf Stufen und mache deine Träume wahr. Wofür sollten wir denn sonst studieren?

Um ein Ziel auch zu erreichen, musst du dir zuerst ein genaues Ziel setzen. Welches ist dein Ziel, was begeistert dich? Wovon träumst du, worüber denkst du nachts nach? Oft ist es für uns schwieriger, zu wissen was wir wollen, als zu ahnen, was wir nicht wollen. Nimm dir also genug Zeit, um darüber nachzudenken. Setze klare Prioritäten und eliminiere alles Unwichtige.

Die folgenden zwölf Punkte können dir vor allem dabei helfen, deine eigenen negativen Mechanismen zu überlisten, Mechanismen, die dich immer wieder davon abhalten, das wahr zu machen, was du wirklich willst. Unser Gehirn

ist ein Experte darin, uns selbst und unsere Ideen zu boykottieren, damit wir unter gar keinen Umständen aus unserer gewohnten Umgebung (auch bekannt als **Komfortzone**) heraustreten müssen. Diese gewohnte Umgebung ist sehr individuell und genau aus diesem Grund kann auch jedes Ziel nur dein eigenes Ziel sein und ist nur mit wenigen Menschen teilbar. Trotzdem musst du dafür kämpfen! Es geht darum, deinen Horizont zu erweitern und dich und deine Mitmenschen zu bereichern (und so schnell ist in einem Satz der Sinn des Lebens erklärt!).
Wir bauen uns ein Nest, in dem wir uns wohlfühlen und in dem wir uns frei bewegen können, ohne viele Risiken einzugehen, dieser Raum ist so etwas wie eine Sicherheitsnische. Aus dieser können wir uns durch ehrgeizige Zielsetzungen immer wieder hervorlocken. Die erfolgreichsten Menschen sind jene, die immer wieder kleine Wetten gegen sich selbst abschließen, denn genauso kann man am Ende ein großes Ergebnis erzielen.

Tipp: Aus sich selbst herausgehen
Versuche immer wieder, aus deiner Komfortzone auszubrechen. Tue jeden Tag etwas, das dich herausfordert und dir das meiste von dir selbst abverlangt. Es ist nicht wichtig, was andere von dir erwarten oder welche Dinge du tun solltest. Bei dieser Übung ist es nur wichtig, wie du dich selbst herausforderst.

Um dieses Kapitel besonders gut zu verinnerlichen, denke jetzt sofort an dein Ziel, deine Vision oder deinen Traum, den du schon lang bei dir trägst, für den du dich aber nie eingesetzt hast. Eine Organisation für den Tierschutz gründen? Eine Doktorarbeit verfassen, die dir hohes Ansehen einbringt? Das Stipendium von einer bestimmten Stiftung durch geschickte Bewerbung erhalten? Eine Weltreise? Ein Album aufnehmen?

Dieses Kapitel ist zu 100 Prozent praktisch orientiert. Wenn du deinen Traum erreicht hast, schick mir ein E-Mail und erzähle mir davon! Ich freue mich sehr darauf, gegenseitig voneinander zu lernen. Meine Adresse lautet:
sombreronick@gmail.com

STUFE 1 – EIN KLARES ZIEL VOR AUGEN

Je deutlicher du dein Ziel formulierst, desto genauer musst du dich festlegen. Genau dieses Festlegen wird dir noch gute Dienste erweisen, denn du kannst auf ein klares Ziel mit viel mehr Effektivität zusteuern als auf ein undeutlich formuliertes.
Beispiel 1: Es ist einfacher, auf die Note 2 in der Prüfung für moderne Geschichte mit dem Prüfer Soundso hinzuarbeiten, als **sich einfach mal einen groben Überblick zu verschaffen und irgendwie zu bestehen.**
Beispiel 2: Es ist leichter, jeden Tag Yoga zu machen, wenn du dafür genaue Uhrzeiten festlegst, als wenn du dir sagst, **dass du einfach immer wieder mal übst, wenn du Zeit findest.**
Beispiel 3: Es ist realistischer, dass du in Griechenland ein Praktikum für Orthopädie machst, als dass du sagst, **dass du einfach gerne mal wieder irgendwohin fahren würdest.**

Die Effektivität beschreibt, ob du die besten Fahrtmöglichkeiten verwendest und die richtigen Wege einschlägst, um dich deinem Ziel zu nähern.

Die Effizienz beschreibt, mit wie schnellem Schritt und unter der Aufwendung von wie viel Kraft du auf dein Ziel zugehst. Du wirst mit Sicherheit zustimmen, wenn ich sage, dass selbst der schnellste Läufer sich seinem Ziel nur langsam nähert, wenn er nicht die kürzesten Wege einschlägt. Effektivität geht vor Effizienz!

Setze dir einen Leuchtturm, den du von überall aus sehen kannst und dem du immer näher kommst. Setze dir Ziele, die dich wirklich begeistern und dich am Laufen halten, die dir den Schlaf rauben und deine Freunde zu Tode nerven, weil du von nichts anderem mehr sprichst. Dieser Übermut und die Leidenschaft eines Ziels, das dich wahrhaftig begeistert, ist dein Motor, um dein Schicksal in die eigene Hand zu nehmen.

Bist du bereit? Weiter geht's.

STUFE 2 – EINE FRIST FESTLEGEN

Setze dir außerdem ein genaues Zeitziel, nachdem du nun weißt, welches Ziel du ansteuern möchtest. Tue dies sogar, wenn du dir nicht sicher bist, ob du es erreichen wirst oder welche Komponenten außerhalb deines Einflussbereiches eine Rolle spielen werden. Oftmals wirst du merken, dass es besser ist, ein Produkt abzugeben oder eine Leistung vorzulegen, die zwar nur zu 80 Prozent perfekt ist, aber rechtzeitig erbracht wurde, als auf die 100 Prozent hinzuarbeiten, die du noch lang nicht fertigstellen kannst. Perfektionismus ist nicht immer möglich und nicht immer angebracht und sollte dich auf keinen Fall von deinen Zielen abhalten **oder dir gar als faule Ausrede dienen.**

Wenn es wirklich egal ist, wann du dein Ziel umsetzt (zum Beispiel hast du dir vorgenommen, ein großes Aquarell für dein Wohnzimmer zu malen, wobei es natürlich keine Abgabetermine gibt), dann kannst du auch Kompromisse eingehen und dein Zeitziel immer wieder neu anpassen, zum Beispiel, wenn Unvorhergesehenes eintritt und dich verhindert. Setze dir trotzdem ein Datum, denn eine Frist, die bald abläuft, kann deine besten Leistungen aus dir hervorlocken. Aus diesem Grund rate ich dir auch, dass du die zeitlichen Ziele immer ein bisschen zu sportlich ansetzt. Deine Prüfung bereitest du etwa vor, indem du für jedes Thema nur einen Tag Lernzeit einplanst und dich so zwingst, auch mit maximaler Power in diesen Tag zu gehen.

STUFE 3 – ZWISCHENZIELE FORMULIEREN

Setze dir Zwischenziele, die dich auf deinem Weg begleiten und dich motivieren. Für dein Ziel kannst du weit greifen und dir sehr hohe Leistungen abringen, für deine Zwischenziele jedoch ist es besonders wichtig, realistisch zu sein. Träume von den unmöglichsten Dingen, von dem was unerreichbar ist, gehe aber mit kleinen Mäuseschritten darauf zu.

„Es ist interessant, dass wenn wir uns große Ziele setzen und erst einmal wirklich zu planen beginnen, wir diese oft viel schneller erreichen als wir es uns erwartet hätten. Das kommt daher, dass wir meistens überschätzen, was wir an einem einzelnen Tag schaffen können und unterschätzen, was über längere Zeit möglich ist."
Chris Guillebeau: The Art of Non-Conformity

Ist es realistisch, dass ich jeden Tag acht Stunden lang an meiner Doktorarbeit schreibe? Wohl kaum, an vielen Tagen habe ich auch andere Dinge zu tun und gehe in meiner Freizeit dann lieber mit Freunden ins Kino. Ist es realistisch, dass ich jeden Tag einen Satz schreibe? Ja, das ist möglich, denn ich kann in zehn Minuten eine schnelle Formulierung erstellen und sie an einem anderen Tag, an dem ich mir mehr Zeit nehmen kann, dann gründlich überarbeiten. Wie bei der Zehnminutenregel ist so eine einfache, aber konsequente Herangehensweise ein guter Motivator für deine Arbeit. Nur ein Satz! Es ist besser tiefzustapeln und zu erreichen als umgekehrt. Oder wie Seth Godin sagen würde: *„Underpromise and overdeliver."*

KONSEQUENZ IST DEINE WICHTIGSTE WAFFE!

Solltest du dich schwer tun, dich an deine eigenen Vorgaben zu halten, bedenke diese drei Punkte:

1. Sind meine Zwischenziele klein genug und wirklich realistisch?

2. Habe ich mir klare Aktionsziele gesetzt, die ich gut umsetzen kann?

3. Wie kann ich mich für das Einhalten der Zwischenziele belohnen?

Die Schritte dürfen nicht zu groß sein, denn das eigentliche Ziel ist schon groß genug, das ist deine Vision, die du am Ende einer langen Arbeit erreichen möchtest, das ist dein persönlicher Weg zum Glück. Verwende Aktionsziele, also Taten anstelle von Uhrzeiten. Es ist vielleicht deprimierend daran zu denken, dass du jeden Tag von neun bis fünf Uhr arbeitest, denn damit erlegst du dir einen Zwang auf und kannst in dieser Zeit nicht Volleyball spielen oder mit deinen Freunden Kaffee trinken. Es ist aber im Gegenteil sehr motivierend, wenn du daran denkst, was du heute wieder schaffen wirst. «Jeden Tag einen Satz schreiben», kann dich in kurzer Zeit zu einem fertigen Manuskript bringen, das du am Ende nur verfeinern und perfektionieren musst. Natürlich wirst du an manchen Tagen auch von früh bis spät arbeiten, wenn es aber nicht geht, dann schreibst du eben nur einen Satz. Und die Belohnung ist schlussendlich auch sehr wichtig, gönne dir am Nachmittag einen Cappuccino, abends ein Glas Rotwein mit deinen Freunden oder gehe ins Kino, wenn du dein Pensum geschafft hast. **Meine persönliche Vorgabe für dieses Buch übrigens war (für die besonders Interessierten), eine A5-Seite pro Tag zu schreiben.** Oft waren es viele mehr, manchmal hörte ich aber wirklich bei genau einer Seite auf und legte den Stift oder den Laptop genervt zur Seite. Pensum trotzdem erfüllt – Belohnung trotzdem verdient!

Belohnung. Kennst du Katzen, wie sie schnurren, sich an deinen Füßen entlangreiben, miauen und an Türen kratzen, und das alles nur für ein bisschen Futter? In Wahrheit geht es gar nicht um das Futter, das alles tun sie nur für eine Belohnung! Unser Belohnungssystem spielt im Gehirn eine riesige Rolle und bestimmt maßgeblich unsere Beziehungen, unser Verhalten und unseren Charakter. Wir können uns diese schlummernde Kraft also sehr gut zunutze machen, indem wir uns selbst großzügig für unsere Arbeit belohnen. Schließlich sind Menschen, die sich selbst etwas gönnen, nicht nur glücklicher, sondern auch großzügiger zu anderen **(jetzt ist aber Schluss mit der Lebensphilosophie ...).**

STUFE 4 – HEUTE ANFANGEN

Was kannst du heute für dein Ziel tun? Was wirst du morgen für dein Ziel tun? Du möchtest ein Praktikum in Vietnam organisieren und kennst deine Zwischenziele noch nicht genau? Du möchtest eine Forschungsreise nach Siebenbürgen auf die Beine stellen, weißt aber noch nicht, wo du anfangen sollst? Schreibe dir Fragen auf, die du beantworten willst oder rufe einen Bekannten an, der schon eine ähnliche Erfahrung hinter sich hat. Nimm dir fünf oder zehn Minuten Zeit, um dir bewusst zu machen, welcher der effektivste erste Schritt wäre, führe ihn sofort aus und wiederhole das Gleiche morgen noch einmal. Jeden Tag in der Früh erledigst du zuerst eine einzige Sache, die dich zu deinem Ziel bringt. Trage deine Handlungen gleich nach außen, zeige also auch anderen, was du planst, und lege damit erste Hebel um. Du selbst weißt besser als jeder andere, dass diese ersten Schritte nur winzige Annäherungen an dein großes Ziel sind, aber …

„Auch der längste Weg beginnt mit dem ersten Schritt."

Das ist keine leere Phrase, sondern die Wahrheit! Dieser Schritt, den du schon heute erledigst, ist wie der erste Atemzug für dein Baby und daher besonders wichtig.

STUFE 5 – EINEN SCHRIFTLICHEN PLAN ERSTELLEN

Schreibe dir auf, wie du an dein Ziel kommst, wie du es erreichst. Die Punkte, die du dafür notieren musst, sind diese:

1. Welches Ziel möchte ich erreichen?

2. Zu welchem Zeitpunkt möchte ich es erreicht haben?

3. Welche Zwischenschritte lege ich ein, um mein Ziel zu erreichen?

4. Was mache ich bereits heute und was werde ich morgen tun, um mein Ziel zu erreichen?

5. Wo sehe ich mich nach Erreichen meines Ziels?

Dein Plan wird sich vielleicht mit der Zeit anpassen, wenn du merkst, dass sich dein Ziel oder der Zeitrahmen geändert haben, das ist völlig normal. Sei dir aber bewusst, dass alle Dinge, die du schriftlich vor dir liegen hast, an Bedeutung gewinnen und nutze dieses Wissen zu deinem Vorteil. Du bist jetzt gezwungen, deine Ideen und Schritte wirklich klar zu formulieren, und lernst sie oft erst an diesem Punkt genau kennen.
Um dich selbst herauszufordern, kannst du zusätzlich die W5-Dokumentation verwenden. Beantworte dir schriftlich mindestens fünf selbst gewählte Fragen: Was? Wie? Warum? Wann? Mit wem? Dokumentation macht dich stärker, da du auf diesem Weg deine Stärken erkennst und deine Schwächen einsiehst. Hänge deinen Plan über den Schreibtisch oder lege einen Shortcut auf dem Arbeitsplatz deines Laptops ab, damit du deine Ziele immer wieder abrufen und editieren kannst. Im Prozess werden sich durch neue Sichtweisen auch neue Wünsche und Ideen ergeben. Hier ein kleiner Vorgeschmack:

MEIN EIGENES ZIEL ERREICHEN

Was ist mein genaues Ziel?

An welchem Tag (zu welcher Uhrzeit) werde ich es erreicht haben?

Welche Zwischenziele sind dafür notwendig und bis wann werde ich sie jeweils erreicht haben?

Was mache ich noch heute und was mache ich morgen, um meinen Weg zu beginnen?

Wo bin ich nach Erreichen meines Ziels, wie fühlt es sich an, welchen Gewinn habe ich, welchen Gewinn haben Menschen, die ich liebe? Schreibe in ganzen Sätzen.

STUFE 6 – KLARE SPIELREGELN FESTLEGEN

Ich möchte surfen lernen, also kaufe ich mir erst einmal ein Board und warte, ob etwas passiert? Nein! Fokussiere dich und lege Spielregeln fest, an die du dich später halten musst. **Limitiere dich.** Keine Arbeit für deinen Vortrag an Samstagen und Sonntagen, keine Recherche für deine Doktorarbeit zuhause, sondern nur in der Uni-Bibliothek, keine E-Mails checken, außer jeweils montags und donnerstags, kein Lernen für die Prüfung, wenn dein Freund Urlaub hat ... Du kannst deine eigenen Spielregeln für dein persönliches Spiel festlegen, halte diese dann aber auch so gut wie möglich ein. Wenn du klare Spielregeln hast, zwingst du dich, konzentrierter und sauberer zu arbeiten und weniger Zeit zu vertrödeln. Deine Freizeit verbringst du schließlich lieber am Abend auf dem Konzert deiner großen Schwester, oder? Durch Grenzen und Zeitdruck kannst du deine Effektivität deutlich verbessern. Ausreden gelten nicht.

STUFE 7 – STELLE DEIN WINNING-TEAM AUF

Die Menschen in deiner Umgebung sind dein Team, denn sie rügen dich, wenn du Fehler begehst und sie loben dich, wenn du etwas gut machst. Für jedes Ziel hast du natürlich ein anderes Team um dich herum, denn du brauchst immer genau diejenigen, die dich unterstützen und an dich glauben. Wenn etwa deine Mutter gerne liest und dein Vater gerne Sport macht, dann kannst du dich beim Schreiben deiner Diplomarbeit an sie und beim Training für den Marathon an ihn wenden. Das leuchtet ein? Du brauchst ein Team von Menschen um dich herum, die dich auffangen können und dir Kraft geben und die, wichtiger als alles andere, an dich glauben. Der Einsatz deines Winning-Teams ist beinahe so wichtig wie dein eigener, denn andere Köpfe und andere Herzen können deine Ideen erweitern und verbessern und dich auf neue Wege bringen, die du allein nicht erreicht hättest.

Tim Ferriss, mehrfacher Bestseller-Autor und Marketinggenie, schreibt, dass für ihn das Wichtigste an seiner ganzen Arbeit die Beziehungen sind, die ihm diese eingebracht hat, die Freund- und Bekanntschaften, die er durch seine Arbeit gewinnen konnte. Das sagt jemand, der sehr viel Geld verdient, ein halbes Dutzend Sprachen spricht, Ecken und Enden der Welt bereist hat und für die wichtigsten Unternehmen und Universitäten der Welt Vorträge hält! Ohne dein Team ist deine ganze Arbeit nicht mehr viel wert, also kümmere dich um deine Familie und deine Freundschaften und baue auf die Menschen um dich herum.

STUFE 8 – TRAGE DEINE ARBEIT NACH AUSSEN

Du kennst dein Winning-Team, jetzt ist es an der Zeit, dass du diesen Menschen auch vertraust. Sprich mit ihnen über deine Ziele, deine Visionen und deine Wege und Mittel, um diese zu erreichen. Erzähle ihnen die Ideen und bitte auch um Feedback, zeige ihnen deine niedergeschriebenen Pläne und lasse dich beraten. Je mehr Meinungen du zu deinem Vorhaben hörst, desto eher wirst du merken, wo die Stärken und Schwächen liegen. Du bist kein Blatt im Wind und musst nicht jedem Impuls von außen folgen, selbst wenn du ihn für wichtig erachtest, aber die Kenntnis um die Schwächen deiner Arbeit sind essenziell um festzustellen, woran sie scheitern könnte. Lasse deine Gedanken und Pläne immer wieder durch dein Winning-Team überprüfen, indem du dich öffnest. Die Kommunikation, die daraus entsteht, ist sehr wichtig für einen positiven Arbeitsprozess. Ich gebe dir diesen Tipp, obwohl es ernsthafte Forschung aus der Verhaltenspsychologie gibt, die beweist, dass Menschen, die ihre Ziele nicht herumerzählen sie mit höherer Wahrscheinlichkeit erreichen. Warum empfehle ich dir also, dein Winning-Team zu informieren? Weil du diese Menschen zu deinen Coaches machen kannst. Erzähle ihnen nicht, was du alles erreichen wirst, sondern wie du es erreichen wirst, welche Arbeitsschritte du planst und wo du Hilfe benötigst. Auf diese Art und Weise profitierst du maximal.

Tipp: Skepsis kommt und geht

Zu Beginn, gerade wenn du etwas völlig Neues machen möch-

test (du planst eine Sommerreise durch Europa, um als Straßenmusikant aufzutreten, du wirst Matrose für ein halbes Jahr, du machst ein Freisemester), sind die meisten Leute in deiner Umgebung skeptisch. Du kannst dich darauf verlassen, dass, wenn du ihnen erst einmal bewiesen hast, dass du es ernst meinst und es durchziehst, sie dich schon gewähren lassen. Übernimm nicht die Grundskepsis deiner Umgebung, überlege aber, wo diese berechtigt ist.

STUFE 9 – SETZE SCHRITTE, DIE KEIN ZURÜCK ERLAUBEN

Als ich mir sicher war, dass ich ein Buch für Studenten schreiben wollte und mein Winning-Team davon informiert hatte, setzte ich den Schritt, der eigentlich kein Zurück mehr erlaubte: Ich erstellte in einer (mehr oder weniger) kreativen Nacht-und-Nebel-Aktion eine Website mit Blog, Autorenbiografie und einer eigenen Seite zu meinem Buchprojekt. Dann schickte ich diesen Link an Freunde, veröffentlichte ihn auf Facebook und setzte ihn unter meine Unterschrift in meinen E-Mails. In einer Woche hatte ich mehr als 200 Besucher auf der Seite, es war nun wirklich offiziell. Meine ganze Familie hatte die Seite gesehen, einige Kommilitonen und sogar ein paar Professoren. Natürlich wäre es nicht schlimm gewesen, von meinem Projekt abzuspringen und alles fallenzulassen, falls mich doch irgendwann der Mut verlassen hätte, aber irgendwie hatte ich doch einen Point-

of-no-Return erreicht und damit mir selbst den Druck von den Schultern genommen.
Außerdem konnte ich dadurch viele Ideen und Anregungen von Freunden erhalten, die zuvor nichts von meinem Ziel gewusst hatten und mich aus diesem Grund auch natürlich nicht unterstützen konnten. Jetzt war nicht mehr nur ich, sondern es waren viele Menschen um mich herum Feuer und Flamme für dieses Projekt. Meine Familie stand hinter mir, meine Freunde machten Scherze darüber, aber freuten sich über meine Fortschritte und ich selbst merkte, wie stark die Unterstützung meiner Umgebung war. Wenn ich jetzt kneifen wollte, müsste ich nicht nur selbst damit klarkommen, sondern es auch vielen anderen mitteilen, also war ich noch motivierter, um weiterzuarbeiten.

STUFE 10 – ELIMINIEREN, ELIMINIEREN, ELIMINIEREN

Immer wieder, wenn du gerade dabei bist, deine nächsten Arbeitsschritte zu planen, denke intensiv darüber nach, welche Dinge du streichen kannst. Was ist völlig überflüssig? Welche Arbeitsschritte sind zwar nett, aber nicht zielführend? Welche Teilziele bringen dich eigentlich deinem Ziel kaum näher, verbrauchen aber viele Ressourcen? Deine Ressourcen sind die Zeit, die du investierst, die Nächte, die du nicht schlafen kannst, das Geld, das in dein Projekt fließt, und das Herzblut, das du hineinsteckst. Sei kreativ dabei, Dinge herauszufiltern, die überflüssig sind und gestrichen werden können.

Steve Jobs lud jährlich, so erzählt sein Biograf Walter Isaacson, zu einer Klausur mit den 100 engsten Mitarbeitern ein. Sie erstellten am Ende gemeinsam eine Liste mit den zehn wichtigsten Ideen und Projekten, die in Zukunft angegangen werden sollten. Es war schon schwierig genug, die Ideenvielfalt von 100 kreativen Köpfen auf nur zehn Punkte herunterzuschrauben. Steve Jobs strich jedoch am Ende noch einmal sieben der zehn Punkte und ließ nur noch drei auf dem Plakat stehen. „Diese drei Projekte gehen wir an, mehr Ressourcen haben wir eh nicht!“, beendete er das Brainstorming.

Genau das ist der Punkt! Konzentriere dich auf die wichtigsten Aufgaben und führe sie dafür besonders gut aus. Alles, was dich nicht wirklich weiterbringt, kannst du auf dem Weg zu deinem Ziel eliminieren, denn überflüssige Arbeit ist schlimmer als keine Arbeit. Es ist für dein Ziel viel besser, wenn du dich ausruhst, als wenn du nur um der Arbeit willen vor dich hin arbeitest, was dich zwar nicht weiterbringt, jedoch deine zeitlichen, energetischen oder finanziellen Ressourcen auffrisst.

STUFE 11 – WAS KÖNNTE IM SCHLIMMSTEN FALL PASSIEREN?

Wenn wir uns an Neues heranwagen, fühlen wir uns dabei oft unsicher. Wir haben aber nicht vor konkreten Ereignissen Angst, sondern eher vor vagen, undefinierbaren Dingen, die wir auch nicht klar ausdrücken können. Daher ist es wichtig, dass du dir über jene Dinge Gedanken machst, die dich beschäftigen und beunruhigen und sie klar beim Namen nennst. Schreibe dir eine Liste auf und benenne darin die schlimmsten Ängste, die du hast und was passieren wird, falls sie zutreffen. Viele unserer Kommilitonen fürchten sich sehr davor, in Prüfungen durchzufallen und sind sich selten dessen bewusst, was es wirklich heißt, nicht zu bestehen (es ist meistens viel weniger schlimm als man denkt). Schreibe dir ein klares Drehbuch auf und notiere genau, wie ein Schritt zum nächsten führen könnte. Was wäre dein schlimmstes Szenario, dein persönlicher Super-GAU? «Ich bestehe die Prüfung nicht, der Professor bietet eine mündliche Nachklausur an, ist jedoch schlecht gelaunt und lässt mich auch dort durchfliegen. Da diese Prüfung nur einmal pro Semester angeboten wird, verliere ich ein Semester und muss sechs Monate warten. Meine Eltern werden böse sein, denn sie wollen, dass ich schnell fertig werde und ich habe ein wichtiges Stipendium verloren.»
Klingt alles ganz schlimm, aber wenn du wirklich darüber nachdenkst, kann es dir wohl nicht mehr den Schlaf rauben, denn es sind nur normale Dinge, die eben passieren. Außerdem: In diesen sechs Monaten triffst du vielleicht den Mann oder die Frau deines Lebens, machst eine Reise durch die baltischen Staaten und bleibst für immer glücklich dort oder jobbst in einem Unternehmen und findest deine Berufung. Auch die Szenarien, die dir auf den ersten Blick einen Schrecken einjagen, sind selten schlimm, wenn du sie konkret darstellst, ganz nach dem Motto: **Es wird nie so heiß gegessen**

wie gekocht wird. Selbst wenn du ein Stipendium verlierst, ist das nicht wichtiger als deinen Traumpartner kennengelernt zu haben, oder?

STUFE 12 – DEINEN ERFOLG FEIERN

Du hast es geschafft! Herzlichen Glückwunsch zu dem Mut, dir ein hohes Ziel zu setzen, zur Entschlossenheit, einen Weg zu finden und einzuschlagen, zur Konsequenz, diesen Weg auch in schwierigen Zeiten zu verfolgen und zu dem Glück, dass am Ende alles so gelaufen ist, wie du es dir gewünscht hast. Du hast deine CD aufgenommen, hast das Zweitstudium absolviert oder einfach ein Semester pausiert, um in Australien als Cowgirl zu arbeiten. Du darfst dich feiern! An diesem Punkt höre ich oft den Satz: «Naja, so schwer war es ja gar nicht.» Wie bitte? Ich erinnere mich an die vielen Gespräche mit Jammern und Sorgen und an viele Stunden der Unsicherheit. Ja, es war schwer, das darfst du dir eingestehen und deswegen darfst du sehr stolz auf dich sein. Die drei Prozesse, die dein Lebensglück und deine Erfolge immer weiter wie in einer Spirale nach oben ziehen, sind nach Bob Trask: «be, do, have».

1. BE: In mir ruhen und ruhig sein, das Leben genießen und mich selbst akzeptieren. Irgendwann kommt aber der Moment, in dem ich etwas Neues erleben möchte und in Aktion treten will (do).

2. DO: Den Mut haben, etwas in Angriff zu nehmen und einem Ziel nachzugehen, von dem ich träume. Ich handle und bin bereit, mit den Konsequenzen zu leben. Als Nächstes kommt die Ernte meiner Taten (have).

3. HAVE: Das Ziel erreichen und stolz sein, mich feiern und mich wertschätzen. Ich bin ein Gewinner, selbst wenn ich das Ziel nicht erreiche, denn ich habe mich getraut, in Aktion zu treten und meinen Träumen zu folgen. Nun folgt wieder eine Zeit von Ruhe und Gelassenheit, in der ich ganz ich selbst sein kann (be).

FRAGEN UND ANTWORTEN

Ich kenne meine Ziele gar nicht so genau, wie stelle ich fest, was ich wirklich will?

Höre auf deine innere Stimme und lasse dich von deiner Intuition leiten. Deine Ziele kannst du nur selten mit dem Kopf steuern, es sind eher Bauchgefühle, die dich immer wieder piesacken, so lang, bis du ihnen endlich nachgehst. Den Bauch benutzt du also, um festzustellen, wohin dein Weg geht, deinen Kopf setzt du dafür ein, um dein Ziel klar zu definieren. Mit diesen zwölf Schritten gelangst du von der Idee bis zur Umsetzung und zum Erfolg. Solltest du übrigens wirklich nichts finden, so beginne einfach ganz klein und mit der Zeit wirst du zum Weltentdecker.

Ich bin mir nicht sicher, wer zu meinem Winning-Team gehört, wie kann ich das herausfinden?

Hier geht es natürlich nicht darum, welche Menschen du liebst und mit wem du gerne deine Zeit verbringst. Oft sind sogar die Menschen, die dir besonders nahestehen, anfangs die größten Skeptiker gegenüber deinem Vorhaben. Daher erleichterst du dir die Aufstellung deines Teams, indem du nicht darüber nachdenkst, wer dich **prinzipiell** unterstützt und fördert, sondern wer dich **in diesem Projekt** unterstützt und fördert. Würden deine Eltern einen Auslandsaufenthalt gutheißen? Dann erzähle ihnen von Beginn an von deinen Plänen. Sind sie bei so etwas eher reserviert? Dann plane das Projekt mit deinen Freunden, suche dir Hilfe beim Erasmus-Team und gehe erst auf deine Eltern zu, wenn die Katze praktisch im Sack ist. Du wirst feststellen, dass Menschen, die dich in einer Sache vorwärtstreiben, in der anderen eher hinderlich sind. Daher wähle dir für jedes Ziel und jeden Traum ein eigenes Team. **PS: Und frage nicht nach Erlaubnis, sondern sage lieber im Nachhinein „Entschuldigung" …**

WIEDERHOLUNG «JEDES ZIEL ERREICHEN»

Nimm jetzt sofort Papier und Stift zur Hand und gehe diese Punkte noch einmal mit einem konkreten Ziel durch. Mach es wahr, was auch immer es ist. Je länger du diese Idee schon hattest, je mehr Ausreden du parat hast, warum du dich nie getraut hast und je weniger deine Handlungen in dein Umfeld passen, desto eher musst du jetzt handeln. Setze dir ein klares Ziel.

Lege ein Datum fest, an dem du dein Ziel erreicht haben wirst.
Formuliere einfache Zwischenschritte, die dich deinem Leuchtturm näher bringen.
Was kannst du schon heute für dein Ziel tun? Tu es!
Erstelle einen schriftlichen Plan und formuliere präzise Schritte und Ergebnisse.
Stelle klare Spielregeln auf, an die du dich halten musst.
Stelle dein Winning-Team zusammen.
Trage deine Arbeit nach außen.
Setze Schritte, die kein Zurück mehr erlauben.
Eliminieren, eliminieren, eliminieren. Lass alles weg, was dich nicht wirklich weiterbringt.
Was wäre das Schlimmste, was passieren könnte?
Feiere deinen Erfolg!

6

KÖRPER UND GEIST

Fühle dich besser, gesünder und fitter

Dir fällt das Aufstehen schwer? Du fühlst dich morgens wie ein Sack alter Kartoffeln? Nachmittags hältst du die Augen kaum offen? Du wirst immer wieder krank, nicht schlimm, aber so ein bisschen? Herzlich willkommen in unserer Welt, es geht sehr vielen Menschen so und das ist auch der Grund, warum ich dir in diesem Kapitel zu genau diesem Thema ein paar Tipps vorbereitet habe.

FITNESS IST INDIVIDUELL

Fitness bedeutet für mich, mit dem eigenen Körper zu experimentieren und von ihm das zu fordern, was von Natur aus vorgesehen ist. Es ist normal, dass wir auf Bäume klettern, schwere Dinge heben und lange Distanzen laufen können. Es ist normal, dass ich mich tagsüber gut fühle, meistens wach bin und nur selten müde und dass ich gut schlafe. Es ist normal, dass ich essen kann, so viel ich möchte und was ich will, ohne mir Sorgen machen zu müssen, ob meine Verdauung mitspielt. All diese Dinge erfordern es, mich selbst und meinen Körper kennenzulernen und Zeit mit mir zu verbringen. Probiere Bouldern und Laufen aus, mache Yoga und Tai-Chi, trinke Tee, Fruchtsäfte und esse Suppe und schaue dabei, was dir persönlich guttut! Übernimm keine Konzepte von anderen, sondern hole dir Ideen und verifiziere oder falsifiziere sie für dich persönlich, wie ein Wissenschaftler eben.

MORGENS GUT AUFSTEHEN

Ich arbeite seit ein paar Stunden im Internet an einem Projekt, wobei ich schon Texte verbessert, Grafiken verfeinert und an anderen Details gebastelt habe. Ich habe mich schon eiskalt geduscht und frisch gemacht, gefrühstückt, meine Freundin in die Uni geschickt, meditiert, habe zu Waka Waka von Shakira getanzt (ein klassischer Muntermacher), ein kurzes Workout gemacht und sitze jetzt gemütlich an meinem Tisch und schreibe über das Aufstehen. Es ist noch nicht einmal 9 Uhr … Früh aufstehen ist keine Kunst, denn ein paar Tricks (die so einfach sind, dass du dir wahrscheinlich noch nicht einmal Gedanken darüber gemacht hast) können dein Leben langfristig verändern, ich erkläre sie jetzt Schritt für Schritt.

CHRONOBIOLOGIE

Wenn du dich oft müde fühlst, führt dich der erste Schritt zu einem weltweit führenden Forschungsteam aus München, um erst einmal zu erfahren, wie lang dein individueller biologischer Tagesrhythmus ist. Gib in Google «Chronobiologie LMU München» ein und dir wird die Seite angezeigt auf der du deinen Chronotypen bestimmen kannst. Ich selbst bin ein **extremer Spättyp**, wie ich in diesem Test, an dem schon mehr als 40.000 Menschen teilgenommen haben, feststellen konnte, also sollte ich mir später einmal besser nicht einen Job mit regelmäßigem Antritt um 6 Uhr aussuchen ... Die meisten Menschen sind übrigens sogenannte Spättypen und haben biologische Tagesrhythmen von ungefähr 25 Stunden. Da der Sonnentag 24 Stunden hat, erleiden genau diese Menschen täglich einen Jetlag von einer Stunde. Das erklärt so manches, oder?
Wenn du später einschläfst als du eigentlich möchtest, kann es helfen, morgens Zeit unter freiem Himmel zu verbringen, da die Sonne der wichtigste externe Zeitgeber ist. Wirst du aber eher zu früh müde, so ist Sonne am Nachmittag ideal für dich. Auf diese Weise kann man seinen eigenen Chronotypen gut austricksen und sich seinen Verantwortungen besser anpassen. Dies ist die erste Annäherung an die Optimierung der eigenen Fitness.

DEHNÜBUNGEN

Nur noch ein bisschen länger liegen bleiben ... Das ist verlockend und mit einem kleinen Trick darf man tatsächlich noch ein bisschen mehr Zeit im Bett verbringen: einfach ein wenig dehnen. Der Körper wird in Schwung gebracht, die Muskeln werden durchblutet und es dauert nicht länger als zwei Minuten, bis die Wärme deine Energiebahnen durchströmt. Ich dehne die Rückseite des Beines, indem ich mich auf den Rücken lege, meine beiden Füße in die Hand nehme und die Knie durchstrecke. Ich mache den Spagat nach vorn mit dem linken und dem rechten Bein, den Spagat zur Seite und dehne auch noch den vorderen Oberschenkelmuskel. Jede Dehnübung ist erlaubt, das Ganze ist ja natürlich ein Spiel und du kannst gerne Elemente aus Yoga oder Pilates einfließen lassen. Dehne und strecke dich in alle Richtungen und wenn keiner zuschaut, dann lache dabei lauthals dazu. Unsere Rückenprobleme sind oft vergesellschaftet mit ungedehnten Muskeln und Steifigkeit, und genau aus diesem Grund kann uns die morgendliche Aktivierung so guttun. Achte dabei natürlich darauf, dass du es nicht übertreibst. Das richtige Maß findest du, indem du beim Dehnen so weit gehst, dass du merkst, dass etwas passiert, der Muskel warm wird, du aber dabei keine Schmerzen verspürst.

DEN MORGEN MIT DEM ABEND VERBINDEN

Diesen Tipp habe ich bei Wolf-Dieter Storl gelesen, dem bärtigen Mann der als «der Schamane aus dem Allgäu» bekannt wurde. Er schreibt in seinen Büchern von Erfahrungen mit Indianern, Pflanzen oder Schamanen und beschreibt, wie er es gelernt hat, den Morgen mit dem Abend durch eine Zeremonie zu verbinden. Ich habe das dann selbst ausprobiert und festgestellt, dass es wirklich den Tag abrundet. Da jeder Mensch andere Dinge gerne macht, ist es ganz individuell, welche Zeremonie man durchführt. Eine Art Ritual morgens und abends ist ja bereits das Zähneputzen. Ich könnte mir vorstellen, dass du dich einfach kurz ruhig hinsetzt und deinen Atem zählst, dass du die Hände deines Partners nimmst und für eine Minute hältst, dass du eine Kerze anzündest oder ein Lied singst (es muss nicht so soft sein, 30 Liegestützen sind auch ein gutes Ritual). Mein ganz persönliches Ritual ist die Stehmeditation, die ich nach dem Aufstehen und vor dem Schlafengehen durchführe.

Übung: Die Stehmeditation

Stelle dich schulterbreit hin, die Innenkanten der Füße laufen etwa parallel oder leicht nach außen gerichtet und du lässt den Körper dabei ganz locker. Die Füße berühren den Boden als Ganzes, das bedeutet, dass die Spannungen und Verspannungen losgelassen werden können und der entspannte und lockere Fuß wie ein Teppich auf dem Boden liegt. Die Knie sind ganz weich, der untere Rücken wird weich und locker, die Schultern hängen seitlich herab. Wenn du deine Schultern entspannst, merkst du wie auch der Hals, der Brustkorb und der restliche Körper lockerer werden, vielleicht wird der Bereich um die Schultern sogar ganz warm. Der Kopf sitzt auf dem Hals einfach auf und der ganze Körper fühlt sich weich an. Stelle dich auf diese Art und Weise hin, atme entspannt durch den Bauch und stehe so lang wie du möchtest.

Die Regelmäßigkeit macht sich schon nach ein paar Tagen bezahlt, du wirst richtig merken, dass du immer schneller in einen Zustand von wohliger Konzentration gelangst. Meditation wurde schon in vielen Zeitschriften und Büchern als sehr gesundheitsfördernd angepriesen und manche Publikationen munkeln sogar, dass sich das Gehirn dabei umbaut und man glücklicher wird. Die Kombination aus entspanntem Stand und Mediation ist besonders wirkungsvoll.

UNTER DIE KALTE DUSCHE!

Es gibt so viele Klimazonen und überall jammern die Menschen, dass es zu kalt oder zu heiß sei. Ich denke, dass die absolute Temperatur weniger dazu beiträgt als die interne Temperaturregulation. Um diese auf Hochtouren zu bringen und den Körper an jede Temperatur gut anpassen zu können, ist die kalte Dusche morgens das beste Mittel überhaupt. Kaltes Wasser ist eines der wertvollsten und stärksten Heilmittel und sollte so oft wie möglich angewandt werden. Dusche dich lieber zwei- oder dreimal am Tag für je eine Minute ganz kalt als einmal am Tag für ein paar Minuten mit warmem Wasser, denn jedes Mal kommt der Körper wie neugeboren und voller Elan aus der Dusche heraus.

Mit guten Freunden gehe ich in München gerne im Eisbach im Englischen Garten schwimmen (besonders dann, wenn Schnee liegt) und in der Sauna ist mein Favorit immer das Kaltwasserbecken danach. Wer sich in der Früh kalt duscht, stärkt sich für den beginnenden Tag und macht schon ganz zu Beginn etwas Gutes für sich selbst, egal wie viel Überwindung es kostet. Und zugegeben, ja, manchmal kostet es viel Überwindung und Energie, den Kaltwasserhahn aufzudrehen. Wem das aber schwerfällt, der kann auch auf weniger schmerzhafte und ähnlich gute Alternativen zurückgreifen: die Dusche warm beginnen und kalt beenden oder einfach nur die Arme kalt duschen. Ein weiterer Trick ist es, anfangs kaltes Wasser zu nehmen und für ein oder zwei Minuten über deine Füße rinnen zu lassen. Irgendwann wird dein Körper so viel Wärme produzieren, dass du es gar nicht mehr als schwierig empfindest, dich dann am ganzen Körper kalt zu duschen.

DER KOPFSTAND

Wenige Übungen sind so gut und vielseitig wie der Kopfstand, die universelle Übung, um die Welt verkehrt herum zu sehen. Achte dabei darauf, dass du möglichst durch die Nase atmest und die Beine so locker wie möglich lässt. Dann strömen Liter um Liter saftigen Blutes aus den tiefen Beinvenen direkt in dein Gehirn und du fühlst dich, als ob du sofort bei der Mathe-Olympiade teilnehmen könntest. Eine gute Freundin aus Argentinien, die in einer coolen Mädchen-WG am Strand von Barcelona wohnt, ist Yoga-Lehrerin. Ihre Urlaube verbringt sie auf Mallorca, wo sie dann morgens von Strand zu Strand tuckert, um Yoga zu machen, jeden Tag mindestens zwei Stunden!

Tipp von der Yoga-Lehrerin: Im Kopfstand ausruhen
Der Handstand oder Kopfstand ist die beste Übung, um deinen Körper auszuruhen. Stelle dir nur einmal vor: Du ver-

bringst deinen ganzen Tag mit den Füßen auf der Erde und dem Kopf ganz oben, da ist es doch ganz logisch, dass man sich zum Ausruhen umdreht! Wenn sich andere für die Siesta auf die Couch legen, schwinge ich mich einfach in den Kopfstand hoch und verbringe so ein paar Minuten. Danach bin ich wieder voller Elan.

Die Wand ist dabei ein gutes Gegenlager um nicht die Balance zu verlieren. Als Tipp empfehle ich noch: Socken anziehen, damit die Wand weiß bleibt. Nicht gut geeignet ist diese Übung allerdings für alle, die eine starke Nebenhöhlenentzündung oder Probleme mit dem Nacken haben, sie sollten sie nur kurz und dann immer länger machen oder besser einfach weglassen.
Man wird mit der Übung schnell stabiler und wer sich anfangs noch unsicher fühlt, wird bald schon ganz einfach den Schwung nach oben vollziehen. Besonders der Sandstrand in Italien oder Kroatien eignet sich hervorragend, um einmal den Kopf- oder Handstand intensiv zu üben.

TAGSÜBER FIT SEIN (DURCH KURZE WORKOUTS)

Wer dreimal am Tag für eine Minute ein intensives Workout macht, ist am Ende deutlich fitter als jemand, der einmal in der Woche eine halbe Stunde trainiert, obwohl Ersterer weniger Zeit aufwendet. Das ist genau wie beim Lernen: Täglich zehn Minuten Vokabeln gepaukt sind eben mehr wert, als einmal pro Woche für zwei Stunden zu lernen.

Springen, Liegestütze machen, Situps pumpen, Balanceübungen auf einem Bein ... Wer sich dreimal täglich für kurze Zeit auspowert wird bald merken, dass er fitter, besser gelaunt und konzentrierter ist. Für alle Jogger und Aerobic-Fans gilt natürlich, dass sie trotzdem normal weitertrainieren dürfen. Aber in der Tat tendieren viele Hobbysportler zu einer Überanstrengung und setzen dann wieder für Wochen aus, da sie Verletzungen erleiden oder die Lust verlieren. Das ist aber nichts für uns! Kurze Workouts über den Tag sind nämlich eine Garantie gegen Überanstrengung und zeigen trotzdem große Wirkung.
Wenn du im Krankenhaus arbeitest oder an einem anderen Ort bist, an dem du nicht trainieren kannst, machst du zum Beispiel Situp-Crunches im Sitzen (einfach dasitzen und den Bauch 60 Mal volles Rohr anspannen, das merkt kaum jemand von den Umstehenden) oder du kannst auch diverse Muskeln an- und -entspannen nach der Theorie von Edmund Jacobson. Wie so oft zählt es mehr, daran zu denken und es zu tun, als sich Sorgen zu machen, ob man es ganz perfekt ausführt. Im Zweifelsfall gilt die Regel: Immer wenn du an ein Workout denkst, musst du auch eins machen.

Tipp: Deine Balance verbessern
Kurze, intensive Workouts sind sehr gut geeignet, um deine Muskeln zu stärken und deine Fettpölsterchen zu verringern. Die Balance ist allerdings ebenso ein wichtiger Faktor deiner Fitness, den du ganz nebenbei trainieren kannst (vergiss nicht, dass etwa die Wii dein Wii-fit-Alter einzig und allein nach der Balance berechnet). Putze deine Zähne mit links, um deine Gehirnhälften zu koordinieren, und stehe dabei auch noch auf

einem Bein, um deine Balance zu stärken. Auch andere häusliche Arbeiten, die nicht immer zwei Beine erfordern, kannst du so oft wie möglich einbeinig ausführen. Auf diesem Weg kannst du deine Balance in kurzer Zeit verbessern und deinen unteren Rücken durch die bessere Haltung entlasten.

GUT ESSEN

Gutes und ausgewogenes Essen macht schon die halbe Miete zu einem glücklichen Leben. Schaue dir doch nur die Italiener auf Sardinien an: Die essen gut, die feiern gerne und werden auch noch älter als alle anderen Menschen der Erde (ausgenommen einer kleinen japanischen Insel namens Okinawa). Denen ist bei einem guten Festmahl einfach die Lebensfreude ins Gesicht geschrieben. Beim Essen gilt, dass es dir schmecken, dass es viele Farben haben und so vielseitig wie möglich sein soll und dass es keine Verbote gibt. Alles, was du gerne isst, darfst du in Maßen auch essen, alles, was gut für dich ist, darfst du in unendlichen Mengen zu dir nehmen!

Trotzdem gibt es ein Nahrungsmittel, das unsere Küche sehr gerne verwendet und das nicht wirklich gut für uns ist: Zucker. Der moderne «Schokoriegel nebenbei» bringt deinen Energiehaushalt schneller gegen null als ein Kampf gegen Chuck Norris, denn erst gibt es ein kurzes Hoch, danach allerdings sackt das Blutzuckerniveau dank Insulinausschüttung schnell unter den Ausgangswert. Insgesamt gilt, dass Lieferanten von schneller Energie in Form von Lebensmitteln oft eher ein Schuss nach hinten sind.

Ernährung hat eine große Auswirkung auf unseren Alltag.

Wer auf seine Ernährung achtet, wird dafür belohnt, und ein wichtiger Teil davon ist es, ausreichend zu trinken. Wer genug trinkt, lebt besser. Kennst du dieses Gefühl, dass du abends heimkommst und leichte Kopfschmerzen hast und dich außerdem richtig matt fühlst, vielleicht noch einen verspannten Nacken verspürst? Oft liegt genau dieses Gefühl schlicht und einfach daran, dass wir nicht genug getrunken haben. Die Lippen sind etwas spröde, der Mund ist leicht trocken und anstelle einer guten kalten Dusche und einem Liter Wasser auf ex legt man sich dann vor die Glotze, um abzuschalten ... Dabei sind vor allem Wasser und Tee (ohne alles) die besten Getränke.

Itayetzis Tipp: Grüner Tee und Ballaststoffe
Jeden Morgen trinke ich eine Tasse grünen Tee, der sehr viele gute Eigenschaften besitzt, und dazu nehme ich Ballaststoffe in Pulverform zu mir, um meine Verdauung zu fördern. Früher hatte ich Schwierigkeiten mit der Verdauung, denn ich lebe in Mexiko, wo die hygienischen Bedingungen nicht besonders gut sind. Seit ich aber täglich meine Ballaststoffe mit viel Wasser einnehme, habe ich nie mehr Probleme bekommen.

ENTSPANNEN: MEDITATION UND ATMUNG

Es ist kurz vor 6 Uhr morgens, der Wecker läutet, ich schlüpfe in eine bequeme Hose und ein T-Shirt, putze mir die Zähne und mache mich auf den Weg. Beim Zazen, einem japanischen Meditationstraining, ist es wichtig, pünktlich zu kommen und den Raum leise mit einer Verbeugung zu betreten. Ich gehe zu einem Sitzkissen, verbeuge mich wieder, setze mich und für die nächsten eineinhalb Stunden bleibt das mein Platz, um die Erleuchtung zu finden. Das Becken ist leicht gekippt, der Rücken ist ganz gerade, das Kinn ziehe ich nach hinten oben und die Hände sind vor meinem Bauch gefaltet.

Zazen ist nicht für jeden gemacht, aber einfache Meditationen in den Alltag zu integrieren ist eine feine Sache, die man schon bald zu schätzen weiß, wenn man sie nur einmal ausprobiert. **Meditation bedeutet so etwas wie Innehalten.**

Übung: Halte an und schaue dich um

Egal was du gerade machst, halte immer wieder kurz inne, spüre deinen Körper, lass ihn völlig los und schaue dich im Raum um, als könntest du zum ersten Mal in deinem Leben sehen. Schaue dir die Dinge an, so wie sie sind, ohne sie zu bewerten oder anders haben zu wollen. Sei so erstaunt wie ein kleines Kind. Diese Übung kannst du überall und in jeder Situation ausführen.

Wie beim Speed-Reading kannst du immer, bevor du neue Dinge angehst, kurz innehalten und für ein paar Minuten deinen Atem zählen. Genauso gut kannst du durch bewusste Atmung auch abschalten.

Übung: Atemübung im Liegen

Nimm dir ein oder zwei Kissen und lege sie auf den Boden. Lege dich mit deiner Brustwirbelsäule darauf und Strecke jetzt die Arme und Beine von dir, wie wenn du im Schnee einen Engel zeichnen willst. Nun konzentriere dich auf deine Atmung, entspanne deinen Brustkorb und lasse dich dabei ganz gehen. Dein Thorax öffnet sich langsam, mit jedem Atemzug, und du wirst immer entspannter. Diese Übung ist das perfekte Gegenmittel für Stress und Anspannung, ich führe sie auch oft schon morgens durch, um energetisiert in den Tag zu starten. Manchmal schlafe ich dabei sogar ganz kurz ein, nur für ein paar Sekunden, dann bin ich anschließend viel frischer.

MUSKELRELAXATION NACH JACOBSON

Die Idee finde ich genial: Muskelbezirke werden zuerst angespannt und dann entspannt. Was zuerst angespannt war, kann sich danach besser entspannen. Wir kennen das alle, wenn wir z.B. viel Sport gemacht haben oder wandern waren, können wir danach am Abend sehr gut einschlafen. Es gibt viele CDs, Bücher oder Apps mit den genauen Methoden, ich möchte hier nur eine kurze Kostprobe anbieten, die Lust auf mehr machen könnte.

Übung: Muskelrelaxation

Lege dich auf den Rücken und lasse ganz locker. Konzentriere dich nun auf deine beiden Hände, spanne diese so fest an wie du kannst, ohne dabei zu verkrampfen. Zehn – neun – acht – … zwei – eins. Und jetzt lasse los, lockere deine Hände und lasse dabei alle Spannungen gehen. Konzentriere dich nun auf deine Unterarme, dann auf deine Oberarme. Spanne verschiedene Bereiche deines Körpers an und entspanne sie danach vollständig. Es tritt ein warmes, angenehmes Gefühl ein und du fühlst dich wohliger, entspannter und mehr bei dir. Die Grundregel lautet: von oben nach unten fortführen, vom Kopf zu den Füßen.

FRAGEN UND ANTWORTEN

Es gibt so viele Fitnessratgeber, welchem soll ich vertrauen?

Jedem und keinem. Ich denke, dass du dir Tipps holen und sie einfach ausprobieren solltest. Wenn deine Freunde für so etwas offen sind, dann kauft euch gemeinsam ein Buch und versucht die Übungen zusammen umzusetzen. Nach ein paar Tagen des Ausprobierens könnt ihr euch austauschen, ob es gewirkt hat oder eben nicht. In der Gruppe ist die Umsetzung viel leichter und macht auch mehr Spaß.

Wenn ich an Fitness denke, habe ich eher Bilder von Männern mit viel Muskelmasse und wenig Hirn im Kopf … So muss ich doch nicht werden?

Fitness bedeutet, dass ich mich wohlfühle und mir immer wieder körperliche Leistung abverlange. Menschen, die sich um ihren Körper kümmern, sind sogar intelligenter, weil ihr Gehirn besser arbeitet, ihr vegetatives Nervensystem besser funktioniert und der Hormonhaushalt ausgeglichener ist. Bewegung und Sport sind an sich sehr positiv. Es geht nicht um Gewichtheben, sondern darum, einen Kopfstand zu machen, gedehnt zu sein, sich selbst zu spüren. Das Ziel von Fitness ist Balance, Energie, Wohlgefühl, kurz: ein angenehmer, gut funktionierender Körper.

Wie kann ich mit sehr wenig Zeitaufwand mein Wohlbefinden verbessern?

Am besten experimentierst du so viel wie möglich. Wenn ich Zähne putze oder Geschirr wasche, mache ich das oft auf einem Bein stehend. Ich muss das ja sowieso tun und so kann ich gleich eine kleine Übung hinzufügen, mit der ich meine Balance verbessere und damit Rückenschmerzen vorbeuge. Treppen steigen anstelle von Rolltreppe fahren und zu Fuß gehen, anstatt die Trambahn zu nehmen, sind einfache Methoden, um deine Lebensqualität zu steigern und mehr Bewegung in deinen Alltag zu integrieren. Vergiss nicht, dass ein Workout von 15 oder 20 Minuten auch noch stundenlang später einen höheren Grundumsatz verursacht, denn dein Kreislauf reagiert auf Beanspruchung mit mehr Umsatz. Bewegung ist also immer gut, Punkt.

WIEDERHOLUNG «KÖRPER UND GEIST»

1 – Kalte Duschen
2 – Regelmäßige Bewegung
3 – Gute Ernährung
4 – Entspannung

Überlege dir jetzt, welche der Übungen dir gefallen haben und du gerne in deinen Alltag integrieren möchtest. Es **ist besser, nur eine Übung anzuwenden, als dir alle vorzunehmen und am Ende keine wirklich zu praktizieren.**

7

DIE BESTE ZEIT DEINES LEBENS

Auslanderfahrung ist so wichtig wie dein Abschluss und macht mehr Spass als Karneval

Wie es dazu kam, dass ich im chinesischen Fernsehen als Akupunkteur aufgetreten bin und mit einer peruanischen Reggaeband auf einem Konzert? Dass ich im Amazonas mit Piranhas geschwommen bin (die wir zuvor mit Fleischbrocken angelockt haben, was vielleicht weniger klug war)? In Galizien mit den Dorfältesten ein Grab ausgehoben oder mit einer uruguayischen Theaterband den Karnevalssieg gefeiert habe?

Man muss nur ins Ausland gehen, die Erfahrungen entstehen ganz von allein …
Aber das kann ich mir doch nicht leisten, das kann ich mir doch nicht gönnen, sagen manche. Ich habe im Laufe des Studiums festgestellt, dass viele Leute davon träumen wegzugehen, aber Angst davor haben, ihre Träume wahrzumachen. Damit du eine Ausrede weniger hast, möchte ich dir beweisen, dass Geld nur eine kleine Rolle spielt. Nehmen wir an, du hast ein gewisses monatliches Budget, dein Ziel ist ein Praktikum in Madrid (wo die Nächte länger sind als in Deutschland die Gesichter) und du traust es dir finanziell nicht zu. Gehen wir an die Sache in fünf einfachen Schritten heran:

TRICK 1 – DU VERMIETEST DEIN WG-ZIMMER

Ich weiß, dass da persönliche Sachen von dir herumliegen und dass du eine tolle Stereoanlage hast. Du stellst deine persönlichen Sachen in den Keller und die Stereoanlage zu deinem Kumpel. Auf www.wg-gesucht.de findest du schnell Leute für dein Zimmer und verlangst dafür am besten eine Monatsmiete Kaution und eine Monatsmiete Miete. Planst du ein Praktikum von München aus für September, kannst du dich sogar an Oktoberfestbesucher vermitteln lassen und deutlich mehr Geld verdienen. Überleg dir einfach, ob du deiner Wohnung betrunkene Italiener für ein paar Hunderter extra zumuten möchtest. In anderen Städten gibt es sicher zu Messezeiten oder zum Karneval ähnliche Möglichkeiten.

TRICK 2 – DU SUCHST DIR EINE COUCH

Auf www.couchsurfing.com findest du ohne größere Probleme in jedem Teil der Welt (sogar im Irak!) eine «Couch». Das sind Menschen, die dir ohne Gegenleistung oder Profitidee eine Schlafgelegenheit zur Verfügung stellen. Ich finde, dass diese Menschen oft besonders offen und interessant sind und sich der Kontakt auf jeden Fall lohnen wird. Sollte ein ganzer Monat Praktikum zu lang sein, um bei nur einer Person zu wohnen, dann mach zwei Mal zwei Wochen daraus. Ich lade meinen Gastgeber dann entweder auf ein gutes Bier ein oder bezahle das Essen für einen gemeinsamen Kochabend. So gewinnt man Freunde und hat dabei eine super Zeit.

TRICK 3 – DEN FLUG CLEVER BUCHEN

Dann bekommst du für meist weniger als 100 Euro einen Flug im innereuropäischen Raum. Du kannst dafür Suchmaschinen wie Swoodoo, Edreams oder Opodo verwenden. Wenn du den Kontinent wechseln möchtest, empfehle ich dir, den Flug zwar über die Suchmaschinen zu suchen, dabei aber verschiedene Abflugorte auszuprobieren. Ein Flug nach Brasilien ist von Frankfurt oder Madrid aus um ein paar 100 Euro (!) günstiger als von München aus. Daher buchst du dir einen Flug nach Frankfurt und von dort den

Flug nach Brasilien. Das Gleiche gilt für viele andere Überseedestinationen, durch den richtigen Flughafen sparst du dir fast 50 Prozent des Flugpreises.

TRICK 4 – DU JOBBST

Als Ausländer bekommt man oft gute Angebote für Jobs. Tatjana konnte sich ihre Famulatur in Griechenland finanziell aufpeppen, indem sie als Restaurant-«Anglerin» arbeitete (und auf der Straße auf Griechisch nach Kunden rief), ich selbst konnte in Mexiko als Englischlehrer arbeiten und so mein Taschengeld aufstocken und Kaska betreute während ihres Jahres in Madrid ihre Firma per Internet weiter und verdiente mehr Geld als jeder Oberarzt. Jobs, die du etwa für deine Uni per Internet erledigen kannst, sind sehr gut vom Ausland aus zu erledigen.

Natürlich darfst du auch Stipendien nicht vergessen! Viele Stipendien bezahlen deinen Flug und manche sogar deine Unterkunft und geben dir außerdem ein Taschengeld. Sprich mit Freunden oder suche im Internet. Das Auslandsbüro deiner Uni kann sicher auch viele Tipps anbieten.

Noch ein Tipp wegen Eltern und Geld: Ich kenne einige Studenten, deren Eltern hoch und heilig versprochen hatten, sicher nicht für einen Auslandsaufenthalt zu bezahlen und es am Ende dann doch taten. Warum weiß ich auch nicht, aber ein Gespräch mit deinen Eltern könnte sich lohnen …

TRICK 5 – KAUF DIR DEINE AUSREDEN NICHT LÄNGER AB

Wofür ins Ausland? Ich will jetzt endlich einmal fertig werden! Diese Ausrede kenne ich auch ziemlich gut, sie wird in Gesprächen so häufig wiederholt, dass ich manchmal sogar selbst fast daran geglaubt hätte. Wer sein Studium nicht mag, das ist ziemlich sicher, wird sein Arbeitsleben auch nicht toll finden. Verändere lieber dein Studium, werde ein glücklicher Student und mache jetzt endlich dein Erasmusjahr. Dabei gilt: Ja, es ist ein ganzes Jahr, keine halben Sachen, bitte! Wenn du lernst, dein Studium zu genießen, profitierst du auch deutlich mehr davon und wirst später mit einer viel gesünderen und offeneren Einstellung in die Arbeitswelt eintreten.

Die Sorge, dass man schon zu alt sei, um das Studium noch weiter hinauszuzögern … Meine Kommilitonen, die langsam auf die 30 zugehen, setzen immer wieder diese Miene auf, dass sie wirklich schon zu alt seien und meinen dann, dass es jetzt endlich Zeit wäre, fertig zu werden. Genau jetzt? Es ist doch weniger wichtig, ob man mit 31 oder 32 ins Berufsleben eintritt, als ob man sich gebildet hat und interessante Qualifikationen zeigt. Ich stelle mir das Vorstellungsgespräch etwa so vor: «Nun, wie ich sehe, sind Sie 32 Jahre alt. Aus Ihrem Lebenslauf kann ich erkennen, dass Sie ein Jahr in Südfrankreich waren und dementsprechend perfekt Französisch beherrschen, offen für Neues sind und selbst etwas auf die Beine stellen können. Leider ist das

nicht genug, denn ich hätte Sie nur eingestellt, wenn Sie 31 gewesen wären. Sie müssen wissen, das ist nämlich meine Lieblingszahl!»
Die meisten Jobs werden übrigens danach vergeben, ob es überhaupt andere Bewerber gibt, ob man dem Chef sympathisch ist, ob man jemanden kennt der jemanden kennt oder ob man zufällig ins aktuelle Stellenprofil passt. Es ist wichtiger, aufrecht ins Zimmer zu gehen, einen überzeugten Händedruck zu haben und mit sicherer, lauter Stimme zu sprechen, Dinge, die du wahrscheinlich in Südfrankreich gelernt hättest …

SCHRITTE AUF DEM WEG ZUM ZIEL

Setze dir ein Ziel fest, eine Stadt, ein Land oder eine Sprache. Schreibe die zwei wichtigsten Schritte auf, die sofort erledigt werden müssen (Gespräch mit den Eltern wegen Finanzen, Gespräch mit dem Erasmus-Büro, Flug buchen). Erledige den ersten dieser Schritte noch heute und den zweiten morgen. Du musst unbedingt gleich etwas dafür tun, so kannst du zum Beispiel die erste E-Mail schreiben oder dich auf Couchsurfing anmelden. Rufe jemanden an, der schon im Ausland war. Die Leute lieben es, dir von ihrem Aufenthalt zu erzählen und sie werden dir sicher viele gute Tipps geben. Wenn du Geld brauchst, suche dir eine Arbeit, die du ausschließlich über das Internet machen kannst, so kannst du gut ein paar 100 Euro monatlich verdienen ohne dabei je anwesend sein zu müssen. Suche dir einen Mentor oder Unterstützer, der dich motiviert und dir weiterhilft. Und ja, wenn du verrückt und mutig genug bist, buche jetzt gleich deinen Flug und nimm keine Rücksicht auf Verluste. Die allermeisten Dinge kann man irgendwie regeln. Zum Beispiel konnte ich eine dank Vulkan Eyjafjallajökull verpasste Praktikumswoche durch andere Leistungen anerkennen lassen und eine Prüfung, die ich in New York (auf einer Studentenparty …) verbrachte, später nachschreiben. Improvisieren ist die halbe Miete – und ein bisschen Risikobereitschaft macht den Rest.

FRAGEN UND ANTWORTEN

Ich habe Angst, den Anschluss zu verpassen. Ich finde das Studium ohnehin schon schwer genug.

Das Gegenteil ist der Fall, Studenten, die ins Ausland gehen, kommen meistens motivierter zurück und haben danach im Schnitt auch deutlich bessere Noten als die Zuhausebleiber (bei Medizinern sogar um eine ganze Note besser!). Es ist wahrscheinlich, dass du dir am Ende deines Studiums dann gar nicht mehr vorstellen kannst, wie du es ohne deine Auslandserfahrung überhaupt geschafft hättest. Ich kenne manche, die es bereuen, nur für ein halbes und nicht für ein ganzes Jahr weggegangen zu sein. Ich kenne niemanden, der es bereut, überhaupt weg gewesen zu sein.

Ich bin nicht besonders sprachenbegabt. Wie kann ich vor Ort schnell besser werden?

Mach dir nicht so viele Sorgen, bemühe dich im Vorhinein so gut wie möglich, vor Ort wird es aber wesentlich einfacher. Für die Sprache wirklich nützlich ist es, mit Einheimischen in einer WG (oder bei einer Gastfamilie) zu wohnen. Ein Großteil des täglichen Lebens spielt sich schließlich zuhause ab und dort kannst du viel über die Sprache und Kultur lernen. Mein Tipp falls du zweifelst oder zögerst: Trau dich einfach! Es geht.

WIEDERHOLUNG «DIE BESTE ZEIT DEINES LEBENS»

Die zwei wichtigsten Ausreden sind Geld und Zeit. Erzähle dir selbst keine Märchen und mache lieber deine Träume jetzt wahr.

1 – WG-Zimmer vermieten
2 – Couchsurfing ausprobieren
3 – Flug früh buchen
4 – Über Internet jobben
5 – Ausreden vergessen

Dein Sprachniveau verbesserst du wie von selbst. Sei einfach offen und traue dich, mit vielen Menschen zu reden.

8

DU SCHAFFST DAS!

Wie dieses Buch entstanden ist und warum im Leben alles möglich ist

In den letzten Monaten habe ich viel Zeit, Arbeit und Liebe in dieses Buch gesteckt. Als Leser sieht man am Ende nur das fertige Produkt, ein Buch oder E-Book, das man kaufen und lesen kann. Man kann es wegwerfen, wenn es schlecht war, oder weiterschenken, wenn es gut war, es ist ein Gebrauchsgegenstand.

Was der Leser nicht sieht, sind ungezählte Nächte beim Schreiben im Badezimmer, um die Freundin nicht zu stören, die Zweifel und Sorgen, die immer wieder aufkommen, und auch nicht die schönen Momente, wenn etwas gelungen ist. Bücher sind von außen oft steril, aber ganz ehrlich, der Entstehungsprozess ist es ganz und gar nicht! Wer steckt dahinter? Woher kommen die vielen Sätze und Paragrafen? Der Prozess beginnt mit einer Idee und vielen Fragen, woraus sich dann etwas ganz Eigenes entwickelt. Je besser du dir deinen eigenen Erfolg vorstellst und ihn visualisierst, desto leichter wird der Weg. Ich visualisierte das Erscheinen des Buches, fühlte die Erleichterung und die Freude, dass alles gut geklappt hat (im Voraus) und stimmte auf diese Weise meinen Geist und meinen Körper ganz auf den Erfolg ein, auf eine Fertigstellung und Veröffentlichung meines «Babys». Wir können alles erreichen, wenn wir unsere Gefühle, also unser Herz, darauf richten.

Tipp von Giulia: Erfolg visualisieren
Mein Vordiplom war ein wichtiger Schritt in meinem Studium, daher hatte ich Zweifel und Angst vor der mündlichen Prüfung. Ich stellte mir vor, wie ich mich nach gut bestandener Prüfung fühlen würde! Zu Beginn war es für mich noch schwer, diese positiven Gefühle zuzulassen, denn schließlich konnte die Prüfung auch schieflaufen. Aber als ich erst einmal begonnen hatte, fiel es mir immer leichter. Ich habe mir einfach im Vorhinein vorgestellt, wie alles gut laufen würde. Vor der Prüfung war ich dann viel ruhiger, konnte selbstbewusst auftreten und eine sehr gute Note erreichen.

Der Trick ist einfach – wenn du Erfolg haben willst, dann hast du ihn, wenn du scheitern willst … Wir alle haben unser eigenes Schicksal in der Hand und können uns den Dingen widmen, die wir für wichtig und richtig erachten. Wofür lernen wir aber eigentlich? Wofür studieren wir? Die Antwort kennst du bereits: für das Leben.

„Wir alle sollten unseren Beitrag dazu leisten, dass unsere menschliche Familie auf diesem Planeten sich in eine wünschenswerte Richtung entwickelt – und darum selbst Verantwortung übernehmen."
Dalai Lama: Frieden lernen

Es war Sommer 2011 und ich bereitete ein Blatt Papier vor, auf dem ich mein Projekt festhalten und meine Ideen niederschreiben wollte. Ich brauchte einen klaren Weg, um irgendwann später bei meinem Ziel ankommen zu können: Ich wollte ein Buch schreiben, das von Herz zu Herz, von mir zu meinen Lesern gelangen sollte, ich wollte die wichtigsten Tricks, die ich in den letzten Jahren gelernt hatte, vermitteln. Natürlich wusste ich, dass ich nicht der beste Student des Universums war und auch, dass ich eine ziemlich harte erste Zeit hatte … Aber vielleicht waren es genau diese Nachteile, die ich im Lauf der Zeit zu meiner Stärke gemacht hatte.
Ich bestimmte einen Arbeitstitel und hielt aus der Sicht meiner Leser fest, was diese sich von diesem Buch erwarten würden:

„Ich will mit diesem Buch besser lernen und dabei eine gute Zeit haben, ich will, dass es gut verständlich ist, es soll günstig sein und ich will nicht viel Zeit investieren. Ich will, dass sich das Buch leicht liest und inhaltlich exzellent ist."

Nachdem ich diese Leitlinie formuliert hatte, merkte ich, dass das gar nicht so einfach werden würde, nahm mir aber fest vor, es zu schaffen.
Was mir keiner beibringt, muss ich eben selbst versuchen,

und je mehr Fehler ich dabei mache, desto mehr kann ich daraus lernen. Die Vorfreude auf das Abenteuer war bei mir immer schon größer als die Angst zu scheitern, denn wenn ich mir das Schlimmste ausmale, das mir passieren kann, dann kann ich meistens nichts besonders Aufregendes finden. Wie gesagt, zumindest nichts, das mich aufhalten würde. **Die große Frage ist nicht: Wer erlaubt es mir? In Wirklichkeit geht es darum: Wer soll mich stoppen?** Als ich mein Studium im Jahr 2005 begann, stand meine Welt Kopf, ich hatte eine private Katastrophe erlebt und musste mich davon erst einmal wieder erholen. Es fiel mir sehr schwer, nach vorn zu schauen und mir fehlten klare Ziele oder Ideen. Ich hatte mich für Medizin als Studiengang entschieden, wusste aber nicht einmal genau warum und sah mich schon gar nicht als Lebensretter im weißen Kittel. Was sollte ich also tun? Wie kommt man nach vorn, wenn man nicht zurück kann? Ich stand an einem Punkt meines Lebens, an dem sich alles wie Stillstand anfühlte.

"Meu pai sempre me dizia,
meu filho tome cuidado,
quando eu penso no futuro
não esqueço o meu passado."
Dança da Solidão

„Mein Vater sagte mir immer: ‚Mein Sohn, sei vorsichtig, wenn ich an die Zukunft denke, kann ich meine Vergangenheit nicht vergessen'", singt die Brasilianerin Marisa Monte. Die Zen-Meister sagen, dass es nur einen Moment und nur einen Ort gibt, ein Hier und Jetzt, und dass hier das Paradies ist. Davon könnten wir uns doch eine Scheibe abschneiden.

Ich habe in den letzten Jahren gelernt, welche Dinge mich glücklich machen und mit welchen Menschen ich gerne meine Zeit verbringe, welche Lernmethoden mich weiterbringen und wie ich langfristiges, lebenslanges Lernen in meinen Alltag integrieren kann. Ich traue mich fast zu wetten, dass diese Erfahrungen später noch viel wichtiger sein werden als die eine oder andere Vorlesung, die ich vielleicht besucht oder vielleicht geschwänzt habe. Denn ein Job kann wechseln, mein Spezialgebiet kann ein ganz anderes werden, die Medizin kann sich in neue Richtungen entwickeln, aber ich muss mit mir selbst und in meiner eigenen Haut glücklich sein, egal wie die Umstände sind. **Man muss nichts – außer zu sterben? Falsch, man muss nichts – außer zu leben!**

MEINE TRÄUME

Heute träume ich davon, wie ein alter Mann das Weltgeschehen zu überblicken und wie ein kleines Kind furchtlos über Mauern zu springen, zu lieben wie ein Latino und zu essen wie ein Italiener.
Mein Ziel ist es, höchste Ansprüche zu haben und diese zu erfüllen, Perfektionismus aber sein zu lassen und dafür immer den richtig dosierten Aufwand für die entsprechenden Aufgaben einzusetzen. **Ich möchte nicht das Rad neu erfinden, sondern mein eigenes Rad zimmern.**
Bevor du neue Dinge wagst, mache dir bewusst, warum du das willst und was du dir davon erwartest. Nicht jeder Schritt ist notwendig und nicht jeder Impuls ist zielführend. Wer aber reflektiert seinen Träumen nachgeht, wird

im Leben viel Glück haben, das habe ich selbst so erlebt und davon bin ich von ganzem Herzen überzeugt. Suche dir Menschen, die du toll findest, verbringe deine Zeit mit Personen, die du liebst, finde das Hobby, das dich erfüllt, und werde im Job bedingungslos mit dir selbst – um deine persönliche Nummer eins zu werden.
«Deine Nummer eins» zu werden bedeutet, dass du dein eigenes Potenzial ausschöpfst und mit deinen Werten im Reinen bist. Wenn wir das alle machen und uns gemeinsam um uns selbst und auch um unsere Mitmenschen kümmern, dann geht ein Ruck durch die Welt, der zu mehr Frieden und Glück für alle Menschen führt. Wir haben die große Chance, dass wir unseren Weg selbst wählen können und die unendliche Verantwortung, auf jene aufzupassen, bei denen das nicht so ist. **Glaube aus vollem Herzen an dich und an deine Möglichkeiten, dann steht dir diese Welt offen.**

EIN GROSSES DANKESCHÖN AN…

Wieder und wieder haben ganz besondere Menschen dieses Skript gelesen und mir mit ihren Meinungen und Anregungen ausgeholfen, meine Arbeit kritisiert, gelobt oder verbessert. Danke, danke, danke.
Danke an viele Freunde und Verwandte, die mir Mut zugesprochen und die an mich geglaubt haben, danke an alle, die mir für Interviews zur Verfügung standen und die mit ihrem Wissen meine vielen Lücken ein bisschen auffüllten.

Ich habe dieses Buch im Eigenverlag erstellt, was sehr viel Aufwand bedeutet, aber auch ein riesiges Abenteuer ist, denn für alles, was mir ein Verlag bieten würde, musste ich Experten finden. Dazu gehören einfache Fragen wie der Satz oder die Wahl des Formats, dazu gehört das unendlich wichtige Lektorat und Korrektorat, dazu gehören Layout, Veröffentlichung, Druck und Vertrieb. Das alles ist keine coole One-Man-Show, sondern die Leistung einer großen Anzahl von Menschen, die gemeinsam an einem Strang ziehen und an viele kleine Details denken. Ein großes Dankeschön an die vielen stillen Helfer, vor allem natürlich an Miriam Shahd, Alan Romano und Giulia Lombroni.

Bis zum nächsten Mal und vor allem danke an dich, liebe Leserin, lieber Leser, du rockst!

KLEINE BÜCHERLISTE

Danke an alle Autoren, die ihr Wissen in wunderbaren Büchern festhalten und so anderen Menschen zugänglich machen. Ich hätte keinen einzigen Satz ohne den unendlichen Reichtum der Buchläden und Bibliotheken schreiben können. Die folgenden Bücher sind inspirierend und wertvoll zugleich, einige davon habe ich in der Vorbereitung für dieses Buch gut gebrauchen können. Alphabetische Listung.

Leo Babauta: The Power of Less: The Fine Art of Limiting Yourself to the Essential … in Business and in Life

Mit seinem Blog :zenhabits wurde Leo Babauta zu einem der wichtigsten Blogger der Welt. Er beeinflusst hunderttausende Leser weltweit und beschäftigt sich vor allem mit dem Thema der Vereinfachung: Prioritäten setzen, Unwichtiges ablegen und durch kleine Veränderungen unserer Gewohnheiten große Auswirkungen erzielen. Sein Blog und Buch sind eine Bereicherung.

Tim Ferriss: Der 4-Stunden Körper: Fitter – gesünder – attraktiver – Mit minimalem Aufwand ein Maximum erreichen

Vielleicht ist Timothy Ferriss verrückt, vielleicht einfach nur ein Genie. Auf jeden Fall aber hat er an sich selbst über viele Jahre hinweg ausprobiert, was er hinsichtlich Ernährung, Workout und Lebensführung verändern muss, um Resultate wie Abnehmen, Verbesserung der Fitness oder Polyphasenschlaf zu erreichen. Auf jeden Fall interessant, vor allem wegen seiner Suche nach der minimalen Dosis für das maximale Outcome, denn was im Sport gilt, gilt auch in vielen anderen Bereichen des Lebens.

Khalil Gibran: Der Prophet

Es ist eines dieser Bücher, die man immer wieder lesen kann und die trotzdem jedes Mal eine neue Reise bedeuten. Als zeitloser Klassiker redet der fiktive Prophet von Khalil Gibran über die wichtigsten Themen des Lebens, wie Liebe, Arbeit oder das Essen. Ich vermute hinter dem Propheten die Stimme des Autors selbst, aber ob das so ist, bleibe jedem Leser selbst überlassen. Ein wunderschönes Buch.

Chris Guillebeau: Die Kunst anders zu leben: Erschaffe deine eigenen Regeln und führe das Leben, das du dir wünschst

Chris Guillebeau kam nach vier Jahren Einsatz als freiwilliger Arbeiter einer NGO aus Afrika zurück und hatte die Wahl, wie er sein Leben gestalten sollte, schließlich konnte er von null anfangen. Er findet, dass wir alle unsere eigenen Regeln für unser eigenes Leben aufstellen sollten und so erfolgreich werden können.

Wolfgang Schmitz (et al.): Schneller lesen – besser verstehen

Dieses Buch ist ein Klassiker für deutschsprachige Speed-Reader. Es ist gut strukturiert und man kann sich Schritt für Schritt durcharbeiten. Wenn dir meine Tipps Hunger auf noch mehr gemacht haben, kann ich dir dieses Buch empfehlen.

Yoon-Nam Seo: Meister Seos Buch der Lebensfreude: Mit einem Lächeln den Tag begrüßen

Schreibtischtiger haben oft ein großes Problem: Man sitzt zu viel und man sitzt zu viel. Es ist eine gute Sache, Bewegung in den Lernalltag zu integrieren und in Meister Seos Buch findest du viele kleine Dehnübungen, Körperübungen oder Selbstmassagen, die du zwischendurch anwenden kannst. Ein richtig schönes Buch.

Julien Smith: The Flinch

Warum zuckt der eine Boxer zurück, wenn die gegnerische Faust kommt, und der andere nicht? Warum halten wir im Alltag immer wieder an und vertagen wichtige Aufgaben, anstatt einfach zu tun, was zu tun ist? Dieses Buch ist kurz und prägnant, gibt aber einen wichtigen Anstoß zum Überwinden unserer Faulheit. Erhältlich leider nur für Kindle und die Kindle-App (dafür aber gratis).

Christine Stickel-Wolf und Joachim Wolf: Wissenschaftliches Arbeiten und Lerntechniken: Erfolgreich studieren - gewusst wie!

Dieses Buch ist ein umfangreicher und sehr anregender Leitfaden für das Studium. Darin werden Lerntechniken und wissenschaftliches Arbeiten (wie im Titel versprochen) gut erklärt dargelegt, ideal zum Nachzuschlagen.

Shunryu Suzuki: Zen-Geist, Anfänger-Geist: Unterweisungen in Zen-Meditation

Der weltweit bekannte Zen-Meister Suzuki erklärt in diesem Buch vieles über die Meditation, die Aufmerksamkeit und das Leben. Man muss kein Zen-Schüler sein, um dieses Buch zu lesen, es ist ein philosophisch wertvolles und tief gehendes Lebenswerk.

Bob Trask: Living Free

Das Trask-Triangle ist eine einfache Erklärung, wie wir unseren Lebensweg gehen können und an welchen Stellen wir häufig scheitern: be – do – have. Bob Trask arbeitet unermüdlich für eine bessere Welt und seine inspirierende Stimme und sein ehrlicher Appell für Mut und ein erfülltes Leben gehen ans Herz.